长征文物背后的故事

周靖程 黄黎 著

时代出版传媒股份有限公司
安徽教育出版社

图书在版编目（CIP）数据

长征文物背后的故事 / 周靖程，黄黎著. —合肥：安徽教育出版社，2020

ISBN 978-7-5336-9060-1

Ⅰ.①长… Ⅱ.①周…②黄… Ⅲ.①中国工农红军长征—革命文物—介绍 Ⅳ.①K871.6

中国版本图书馆 CIP 数据核字（2019）第 299075 号

长征文物背后的故事
CHANGZHENG WENWU BEIHOU DE GUSHI

出 版 人：费世平
质量总监：何换生
策划编辑：王竞芬
责任编辑：姜　好
装帧设计：梅比安
责任印制：陈善军

出版发行：时代出版传媒股份有限公司　安徽教育出版社
地　　址：合肥市经开区繁华大道西路 398 号　邮编：230601
网　　址：http://www.ahep.com.cn
营销电话：(0551)63683012，63683013
排　　版：安徽时代华印出版服务有限责任公司
印　　刷：安徽新华印刷股份有限公司

开　本：720×960　1/16
印　张：12
字　数：200 千字
版　次：2020 年 4 月第 1 版　2020 年 4 月第 1 次印刷
定　价：30.00 元

（如发现印装质量问题，影响阅读，请与本社营销部联系调换）

目录

001 / 第四次反"围剿"

005 / 握手别梅坑

008 / 北上抗日先遣队

012 / 血染湘江

016 / 突破乌江

020 / 遵义会议

026 / 一渡赤水

030 / 扎西缩编

034 / 激战娄山关

038 / 强渡嘉陵江

043 / 彝海结盟

047 / 强渡大渡河

051 / 飞夺泸定桥

055 / 方志敏与《可爱的中国》

059 / 俄界会议

064 / 直罗镇战役

067 / 陕北出了个刘志丹

071 / 童小鹏的长征日记

077 / 毛泽东与斯诺

080 / 史沫特莱采访朱德

085 / 藏族同胞支援红军过甘南

089 / 争取西北回族同胞

093 / 甘孜藏族同胞支援红军

097 / 红军长征在中甸

101 / 草地行军

105 / 红色医生傅连暲

109 / 周恩来长征患病

113 / 长征四老

123 / 长征中的女战士

127 / 黄镇与长征漫画

131 / 长征大事记

第四次反"围剿"

上图是周恩来、朱德拟订的第四次反"围剿"作战计划。

1932年春,在中华民族危机日趋严重的情况下,蒋介石置全国人民的强烈抗日要求于不顾,把"攘外必先安内"确定为基本国策,准备发动对红军和苏区的第四次大规模"围剿"。

4月19日,蒋介石委任何应钦为赣、粤、闽边区"剿匪"总司令。

5月1日,何应钦抵达南昌,策划对这一地区的"清剿"。

5月中旬,粤军陈济棠部3个师侵入赣西南大片地区,向于都窥进,对中央苏区威胁很大。

6月间,蒋介石在庐山召开豫、鄂、皖、湘、赣五省"剿匪"军事会议,具体部署对各革命根据地的第四次"围剿":第一阶段,重点"围剿"鄂豫皖和湘鄂西这两个革命根据地；第二阶段，集中兵力"围剿"中央革命根据地。

1932年底，蒋介石调动24个师的兵力，以合围的方式，兵分三路进攻中央苏区，企图一举歼灭中央红军主力：左路军蔡廷锴指挥在福建的6个师1个旅；右路军余汉谋指挥在广东的6个师1个旅；中路军陈诚指挥12个师。左路的蔡廷锴和右路的余汉谋都是粤军，不是蒋介石的嫡系部队，对"围剿"的态度不积极，没有采取重大的军事行动。进犯的主力是陈诚担任总指挥的中路军，兵力16万余人，采取"分进合击"的方针，企图在黎川地区与红军决战。

在第四次反"围剿"中，周恩来、朱德首次创造性地运用了大规模的大兵团伏击歼灭战的成功经验。他们根据敌情的变化而灵活运用兵力，用佯攻或伪装主力转移来迷惑并调动敌人，将大兵团兵力秘密集结起来，选择有利地形，出其不意地向敌军一部发起猛烈攻击，迅速击破或消灭其一翼。这种大兵团伏击打歼灭战的胜利，在红军的历史上是不曾有过的。

红军参战的是第一方面军的第一、第三、第五军团，第十一、第十二、第二十一、第二十二军以及两个独立师，约5万人。由于双方兵力悬殊，红军的策略是，乘敌人部署尚未完成的时候，主动打到外线去，打乱敌军进攻中央苏区的部署。

1933年元旦，红一方面军在黎川举行北上誓师大会。会后，周恩来和朱德随军出发。1月5日和1月6日，红军在黄狮渡首战告捷。1月8日和1月9日，红军又在浒湾同敌孙连仲、吴奇伟等部展开激战，共俘敌4000人。战斗结束后，周恩来建议：主力红军北上贵溪一带，与赣东北的红十军密切联系，待抚州等北线敌军出动增援或进攻红军时，在抚河到信江之间的广大地区于运动中消灭敌人。这一正确主张遭到了苏区中央局的反对，他们害怕作战地区远离根据地，红军主力北上后，敌人会大举向中央根据地进攻。同周恩来等人的建议相反,临时中央和苏区中央局的作战方针的重点是要红一方面军集中全力,进攻敌人重兵防守的南丰城,企图以此来打破敌人的"围剿"。

根据各方面的情报和敌军的集中态势,红一方面军总司令朱德和总政委周恩来命令红一、红三、红五军团及红十一军等部队,乘敌军各路集中和准备尚未完成时,迅速围攻南丰,以打乱敌人的计划。2月1日,红军进围南丰。但并没有按照中央局的命令"猛攻南丰",而是按照周恩来、朱德的部署"佯攻南丰",目的在于调动敌人分兵增援南丰,以便红军在运动战中消灭敌军。因此,红军围攻了一个星期,并没有攻克南丰。2月7日凌晨,周恩来在致中央局的电报中再次强调红军的战略应是"调动敌人",并一再说明:中央局猛攻南丰的指示,"在目前敌情与地形上是不可能的事,请中央注意"。

2月26日,朱德、周恩来发出电令:"一方面军拟于27日以遭遇战在河口、东陂以西,东坑岭、登仙桥以东地带,侧击消灭乐安敌五十二、五十九两师。"红军各部立即遵照朱德和周恩来的命令,分左右两路进入阵地。红一、红三军团和红二十一军为左翼,红五军团和红二十二军为右翼,预先埋伏在固冈、登仙桥以东,河口、黄陂之间的摩罗嶂山区。2月27日上午9时,天空下着细雨,道路泥泞。当敌军钻进红军设下的"口袋"后,周恩来给左翼部队下达了攻击命令。经过数小时激战,红军左翼部队将敌军第五十二师师部及一个旅大部歼灭,俘虏了敌军师长李明。第二天又全歼该师另外一个旅。红军右翼部队于2月27日到达黄陂后,先占领北面高地迎击敌人。2月28日8时发动全线攻击,激战至19时,歼敌第五十九师四个团。该师师长陈时骥率残部乘夜向蛟湖方向逃窜,在登仙桥附近被红一、红三军团消灭,陈时骥也被活捉,红军取得空前大捷。

黄陂战役敌军两个师被红军歼灭后，为挽救颓势，中路敌军总指挥陈诚将三个纵队缩编为两个纵队（原第一纵队只剩下肖乾的第十一师了），进攻战术由"分进合击"改为"中间突破"。敌两个纵队以梯次形式取道新丰、甘竹，继续向广昌方向发动进攻，急于从中间突破红军阵线，占领广昌，求得政治上之影响，以达粤、闽左右两路军合围聚歼红军之效。

在查明敌人的企图之后，周恩来、朱德坚持"各个击破"的原则，先以红十一军钳制和吸引敌先头纵队向新丰、甘竹、广昌迅速东进，然后截断敌人后纵队的两个师（第十一师和第九师），相机歼灭。右翼红五军团、红十二军及宜黄两个独立团，隐蔽在广昌北面的东陂、草台冈西侧一带山地。

3月20日，敌先头部队已到甘竹，后面的第九、第十二师刚抵草台冈、东陂之间的霹雳山，前后相距90里，造成了围歼敌人的有利战机。

3月21日凌晨，在周恩来、朱德的指挥下，红军乘着大雾向敌军发起攻击，激战一天，将敌第十一师大部歼灭，只剩下一团人马，师长肖乾重伤毙命；第九师被消灭小半；第五十九师残部亦被消灭殆尽。其余敌人乘夜溃退黄陂，敌人先头部队也仓皇退向南丰，向临川方向撤退。

黄陂、东陂两战胜利，共歼敌3个师，俘敌万余人，缴枪1万多支，并缴获300挺最新式机关枪、40门大炮。敌第五十二、五十九师是蒋介石的嫡系部队，是用最新式的法国造"哈齐克斯"轻机枪和德国自动步枪装备起来的；第十一师也是蒋介石的精锐部队。这3个师几乎全军覆没，标志着蒋介石对中央根据地的第四次"围剿"基本上被粉碎了。

第四次反"围剿"胜利后，中央红军发展到10万人，缴获了大批新式武器，红军的武器装备得到较大改善。中央革命根据地同它东北的闽浙赣革命根据地也连成了一片。第四次反"围剿"胜利的实践，完全证明了周恩来、朱德等同志提出的战略原则是正确的。

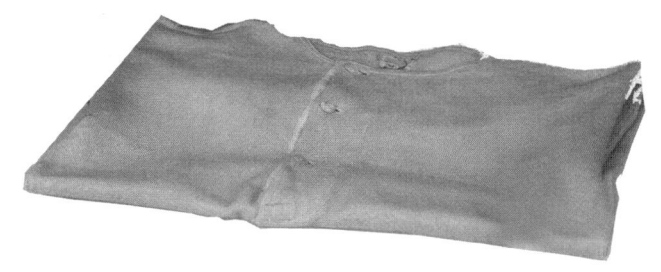

握手别梅坑

上图是何叔衡赠送给林伯渠的毛衣。它为国家一级文物,长69厘米,羊毛质地。毛衣原为乳白色,由于汗渍和年代久远的原因现已发黄,它记载了两位革命老人坚贞的革命理想。这件毛衣的故事,还得从长征出发前说起。

1934年秋天的一个黄昏,瑞金城外的梅坑村人头攒动,异常忙碌,中央红军和苏维埃中央政府机关的部分人员将从这里撤离苏区,开始长征。人们正在做着临行前的各种准备。根据地"五老"①中最年长的何叔衡特意准备好了长征穿的草鞋,却被通知留守。

何叔衡(1876—1935),字玉衡,中国共产党创始人之一。何叔衡本是清末秀才,但他渴求新知,向往革命。1913年,他以37岁"高龄"考入长

---

① 中央革命根据地"五老"指何叔衡、徐特立、谢觉哉、林伯渠和董必武。

沙第四师范学校(翌年合并入第一师范),成为校内年龄最大的学生。在那里,何叔衡与比自己小17岁的毛泽东结为挚友。1918年,何叔衡加入毛泽东等人发起的青年团体"新民学会",任执行委员长,深得毛泽东信任。毛曾评价其"叔翁办事,可当大局"。加入中国共产党后,何叔衡先后担任中共湘区委员会委员、国民党湖南省党部执行委员和监察委员。1928年,何叔衡进入莫斯科中山大学学习,回国后先在上海负责组织营救被捕同志,后赴中央苏区,历任中华苏维埃共和国中央执行委员、工农检查人民委员、内务部代理部长和中央政府临时法庭主席等职。在苏区期间,由于何叔衡坚持调查研究、实事求是,不赞成过"左"的肃反政策,尤其反对过多地判处死刑,被"左"倾机会主义者指责为"政治上的动摇","拿'法律观念'来代替了残酷的阶级斗争",从而遭到批判,并被撤销全部职务。长征出发前,犯"右倾机会主义错误"的何叔衡,被列入留守人员名单当中。

虽然心里难过,但是何叔衡毫无怨言,坚决服从组织安排。在部队出发前一天晚上,他设法找来一些清酒和花生,为好友林伯渠送行。何叔衡与林伯渠既是同乡又是多年的战友,两人感情很深。早在莫斯科中山大学期间,他俩便与徐特立、吴玉章、董必武等人一起被编入特别班学习,回国后又同在根据地工作。何叔衡的办公地点在叶坪,林伯渠则担任国民经济部部长、财政部部长,办公地点在沙坝,两地相距很近。

二人把酒话别,促膝长谈至深夜,都希望党和红军早日走出困境,迎来黎明。临别时,已抱定必死决心的何叔衡见时近冬令,秋风瑟瑟,便脱下身上的毛衣赠给林伯渠。二人紧紧相拥,再道珍重。这件毛衣其实并不普通,它是何叔衡离开上海转移苏区之前,女儿何实山连夜为他织的。林伯渠感怀至深,当夜即赋诗《别梅坑》以记惜别之情:"共同事业尚艰辛,清酒盈樽喜对倾。敢为叶坪弄政法,欣然沙坝搞财经。去留心绪都嫌重,风雨荒鸡盼早鸣。赠我绨袍无限意,殷勤握手别梅坑。"林伯渠用平易质朴的语言,借《诗经》"风雨如晦,鸡鸣不已"和《史记·范雎蔡泽列传》中须贾赠好友范雎绨袍的典故,表达了对何叔衡的深情厚谊,并盼望能与其携手,共助革命转危为安。

1935年初中央苏区陷落,组织上派便衣队护送何叔衡向闽西突围。1935年2月24日,何叔衡不幸在福建长汀突围战斗中壮烈牺牲,实践了其生前"要为苏维埃流尽最后一滴血"的誓言。何叔衡与林伯渠梅坑一别,竟成永诀。新中国成立后,林伯渠一直将何叔衡赠送给他的毛衣珍藏在身边,作为对亲密战友的无限怀念。1960年林老去世后,其夫人朱明将这件毛衣捐赠给中国革命博物馆(今中国国家博物馆)。

中華蘇維埃共和國中央政府中國工農紅軍革命軍事委員會
為中國工農紅軍北上抗日宣言

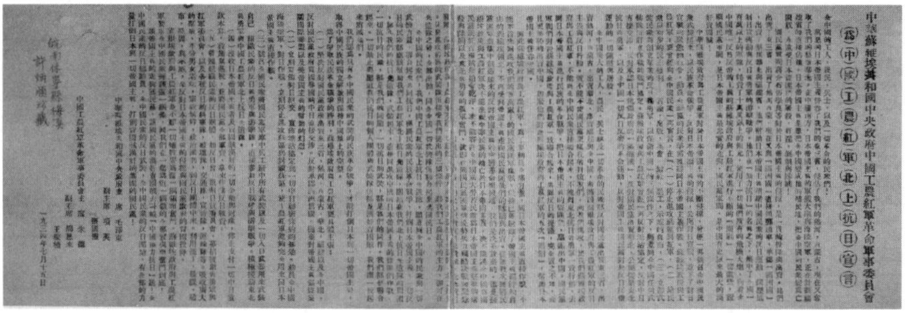

北上抗日先遣队

上图是《为中国工农红军北上抗日宣言》。

1934年7月15日，中华苏维埃共和国中央政府和中国工农红军革命军事委员会发表《为中国工农红军北上抗日宣言》，宣布要“派遣抗日先遣队北上抗日”，表示“中国工农红军北上抗日先遣队愿意同全中国的民众一起以民族革命战争，打倒日本帝国主义”。

《为中国工农红军北上抗日宣言》提出了五项具体主张：坚决反对国民党政府出卖领土主权，反对“中日直接交涉”，反对承认伪满洲国；“立刻宣布对日绝交”，宣布一切中日条约和协定无效，动员全国陆、海、空军对日作战；武装全国民众，组织义勇军和游击队，直接参与抗日战争，积极支援东北义勇军和工农红军北上抗日先遣队；没收日寇和汉奸卖国贼的一切财产，停止支付一切国债款本息；“普遍组织民众反日团体”，“吸收广大的群众，不分男女老幼、宗教信仰、政治派别到反日团体中来”。

中央红军第五次反“围剿”的失利，使得中央苏区面临前所未有的危机。红军北上抗日先遣队的组建，就是为了策应中央红军主力实现战略转移，由中共中央提出并获得共产国际驻华代表赞同，尔后得到共产国际执委会批准的一项重大战略决策。1934年7月初，中共中央正式决定派红七军团"在中国工农红军抗日先遣队的旗帜下，经过福建而到浙皖赣边行动"，宣传我党的抗日主张，以推动全国抗日救亡运动的发展，同时调动与牵制国民党军"围剿"中央苏区的兵力，减轻中央苏区的压力。

红军北上抗日先遣队下辖3个师，共6000余人。寻淮洲任军团长，乐少华任政治委员。1934年7月6日晚，北上抗日先遣队从江西瑞金出发，经福建长汀、大田、尤溪、谷口、水口，直逼福州近郊，相继攻克罗源县城、穆阳镇和庆元县城。9月初，北上抗日先遣队进入闽北苏区东北古楼一带游击区；接着向浙西挺进，继而转向皖赣边行动，于10月下旬进至闽浙赣苏区，在德兴县（今德兴市）重溪与红十军会合。11月4日，与红十军合编为红十军团，刘畴西任军团长，乐少华任政治委员，红七军团编为第十九师，红十军和地方部队编为第二十师、第二十一师，继续担负抗日先遣队的任务。这时，中共中央已率中央红军主力撤离中央苏区，进行战略转移，红十军团改由在中央苏区坚持斗争的中央军区指挥。11月中旬，第十九师向浙皖赣边进发。11月18日，中央军区鉴于国民党军对闽浙赣苏区的"围剿"日趋严重，决定红十军团率第二十师、第二十一师转到外线作战，会同第十九师在开化、遂安、衢县（今衢州市衢江区）、常山地区活动，创建浙皖边根据地。并组成以方志敏为主席的军政委员会，领导红十军团的行动。

11月下旬，红十军团主力向浙皖边前进，12月10日在皖南汤口地区同第十九师会合。这时，国民党军两个多旅的兵力，分南北两路向汤口进逼。14日，红十军团利用乌泥关至谭家桥段公路两侧有利地形进行伏击。但战斗失利,第十九师师长寻淮洲负伤后牺牲。随后,国民党军一个师又两个旅及一些地方团防部队共约20个团的兵力蜂拥追来。红十军团为摆脱敌军,艰苦转战于皖南地区,进行大小战斗10余次,损失严重。1935年1月中旬,红十军团向闽浙赣苏区转移。进至德兴县(今德兴市)港头村时,遭到国民党军绝对优势兵力袭击,部队被截成两段,主力约2000人,被合围于怀玉山地区。经七昼夜顽强战斗,指战员大部牺牲。方志敏、刘畴西在突围中被俘,后于南昌英勇就义。先头部队1000余人在参谋长粟裕、政治部主任刘英的率领下,突破敌军封锁线进入闽浙赣苏区,经过整编,组成500余人的红军挺进师。此后,挺进师在师长粟裕、政治委员刘英的率领下,转战至浙南,开辟了浙南游击根据地,坚持游击战争。

红军北上抗日先遣队是中国工农红军第一次在"北上抗日"的旗帜下公开进行的重大军事战略行动。之所以要高举抗日的旗帜,主要原因有以下三点:

一、在九一八事变后,中国革命局势出现了两大变化,即中日民族矛盾逐渐上升为主要矛盾,国内阶级间的矛盾和政治集团间的矛盾则随之下降为次要矛盾;中国革命的重心开始由南方向北方转移。"抗日救国"成为中国人民心中最主要的问题和中国革命的主旋律。为此,中国共产党明确提出了用民族自卫战争反抗日本侵略者的口号。红军北上抗日先遣队不仅把军事战略行动同抗日宣传运动有机结合起来,还公开打出"北上抗日"的旗帜,这在红军革命战争史上是第一次。

二、在"围剿"红军中,蒋介石动用各种舆论工具,大肆指责红军和中国苏维埃,说他们搅乱后方,因此他的军队无法与日军作战。为了揭露敌人的蛊惑宣传,中共中央决定这支策应中央红军主力进行战略转移的先遣队以"北上抗日"为号召,旨在以实际行动来证明中国工农红军是真正抗日的人民队伍,进而推动全民族抗日运动的发展。为此,宣传抗日成为当时赋予红军北上抗日先遣队的主要政治任务。为了宣传我党的抗日主张,中共中央公开发放了大量宣传品,总数达160万份。

三、针对日本侵略者在福建东南部的侵略行径,把红军北上抗日先遣队的军事战略行动同抗日宣传运动有机结合起来,以瓦解敌人的部队。为此,1934年6月17日,共产国际执委会书记处在给中共中央的电报中明确提出:"在福鼎地区发展广泛的游击运动可能引起同日本海军陆战队的直接冲突,在我们巧妙利用这种冲突的情况下,可以促使白军士兵群众转移到我们方面来。"由此,我们也就不难理解红军北上抗日先遣队为什么不在有限的时间内直接从闽北经赣东北到达皖南,而偏偏要绕一个大圈进军闽东地区了。

虽然红军北上抗日先遣队最后失败了,但是它的历史作用还是应该予以肯定的,主要表现在三个方面:一是牵制了约20万国民党军队,有力地策应了中央红军的战略转移;二是率先举起了北上抗日的旗帜,广泛宣传中国共产党的抗日主张,推动了全民族抗日运动的发展;三是先遣队留存下来的红军武装,成为闽浙皖赣边几块游击区主要的有生力量。

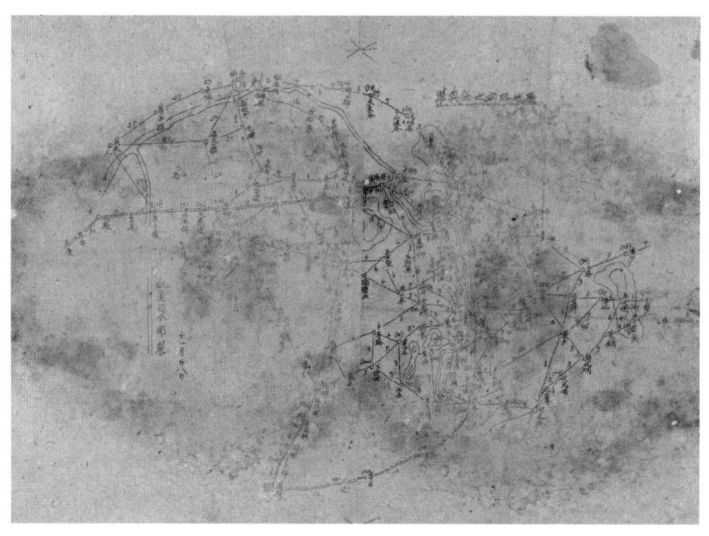

血染湘江

上图是 1934 年秋红军总司令部为抢渡湘江绘制的《灌(阳)兴(安)全(州)之间路线图》。

在广西的东北部,高山林立的丛山间,奔腾着一江碧水,朝东北方向流入湖南后,仍保持着东北走向,贯穿湖南全境,注入湖南东北的洞庭湖。这条大江便是湘江。

如果说长征是震惊寰宇的壮举,那么,红军血战突破湘江,便是这一壮举中令世人瞩目的巨大红色惊叹号,它因惨烈、悲壮和辉煌而格外令人铭心刻骨。

1934 年 10 月初,国民党军队推进到中央根据地的腹地。10 月 10 日晚,中央红军开始实行战略转移。中共中央、中革军委机关也由瑞金出发,向集结地域开进。10月16日,各部队在于都河以北地区集结完毕。从17日开始,中央红军主力5个军团及中央、军委机关和直属部队共8.6万余人,踏上战略转移的征途,开始了长征。留下的红二十四师和十多个独立团等共1.6万余人及部分党政工作人员,在项英、陈毅等领导下,在中央根据地坚持斗争。

按照原定计划,中央红军准备转移到湖南西部同红二、红六军团会合。部队基本上沿着红六军团走过的行军路线,即沿赣、粤、湘、桂边境的五岭山脉一直向西前行。国民党当局察觉后,在赣南、湘粤边、湘东南、湘桂边构筑四道封锁线,并派重兵进行尾追和堵截。但是,各路敌军之间存在着复杂的矛盾,对防堵追击红军的态度并不一样。在红军突破第三道封锁线,挺进到广西湘江地域时,蒋介石已调集25个师数十万大军,分五路前堵后追,企图消灭红军于湘江之侧。

11月25日,中革军委决定红军从广西全州、兴安间抢渡湘江。这正是国民党军队布置的第四道封锁线。11月27日下午,红一军团抢占了全州以南、界首以北的湘江渡口。11月28日凌晨,桂军在新圩向红三军团发起进攻,湘江战役正式打响。

湘江之战是关系中央红军生死存亡的关键一战。红军广大干部、战士同国民党军队展开了殊死决战。11月28日,红三军团第五师之第十四、第十五团和临时配属的军委炮兵营,在师长李天佑、政委钟赤兵的指挥下,在新圩附近阻击桂军的进攻。他们的任务是"不惜一切代价,全力坚持三至四天",以掩护军委两个纵队过江。28日,桂军第四十四师在炮火掩护下,从灌阳向新圩红军前沿阵地发起进攻。红五师凭借有利地形沉着应战,奋勇阻击。桂军正面进攻受阻,遂以一部兵力从侧翼迂回。红军两个团腹部受敌,被迫撤至第二道防线。29日,桂军第二十四师及第七军独立团投入战斗,并有飞机支援,战斗更加激烈。红军战士与桂军展开白刃战,终因寡不敌众,第二道防线被敌突破。红五师参谋长胡震、红十四团团长黄冕昌以及副团长、参谋长、政治处主任都英勇牺牲,营以下干部大部分牺牲。

大部队因携带辎重过多,行动迟缓。湘江两岸担任掩护任务的部队,为保证中央领导机关和其他部队顺利过江,与敌展开激战,付出极大牺牲。聂荣臻后来回忆道:"五团政委易荡平负重伤。这时,敌军端着刺刀上来了。荡平同志要求他的警卫员向他开枪。警卫员泪如泉涌,手直打战。荡平同志夺过警卫员的枪,实现了决不当俘虏的誓言。"

12月1日,国民党军队发动全线进攻,企图夺回渡口,围歼红军于湘江两岸。在各军团的拼死掩护下,到当日17时,中央领导机关和红军大部渡过湘江,但为此付出了惨重的代价。清澈的湘江水被红军的鲜血染红了!江面上,漂着一具具戴八角帽、穿列宁式制服的红军战士尸体,漂着马匹尸体,漂着斗笠,漂着散乱的文件、书页,漂着《蒋委员长劝降令》……渡口道旁,丢弃的笨重机器、行李挑子、辎重物资比比皆是。大火在燃烧,江面渡口一片混乱,枪声、炮声、人员的喊叫声、马嘶声,交织在一起。

当红军主力全部渡过湘江时,担任掩护任务的红五军团第三十四师和红三军团第十八团却被阻止在湘江东岸。师长陈树湘率全师仅剩的千余人在凤凰嘴强渡湘江,但遭到敌军重创,师政委程翠林、政治部主任蔡中均阵亡。陈树湘率余部退回江东,沿途不断遭到国民部军队袭击,每日都有一批战士倒下。12月10日,陈树湘在战斗中因腹部中弹而被俘。但他不愿当俘虏,偷偷把手伸进腹部伤口,忍痛绞断肠子,在被押往敌军指挥部的途中壮烈牺牲。红军第三十四师只剩下几十人,躲进深山打游击,最后大部牺牲。

湘江战役是中央红军长征以来最壮烈的一战。红军以饥饿疲惫之师,苦战五昼夜,终于突破敌军重兵设防的第四道封锁线,粉碎了蒋介石围歼中央红军于湘江以东的企图。但是,红军也为此付出了极为惨重的代价。渡过湘江后,中央红军和中央机关人员由长征出发时的 8.6 万余人锐减至 3 万余人。从此,当地有了"三年不饮湘江水,十年不食湘江鱼"的说法。

湘江之战让世人看到,即使遭遇如此重大的失败,也不能阻挡广大共产党人和红军战士一往无前的脚步。湘江之战结束后,指战员们开始思考:这一切究竟是怎么发生的?刘伯承回忆道:"广大干部眼看反五次'围剿'以来,迭次失利,现在又几乎濒于绝境,与反四次'围剿'以前的情况对比之下,逐渐觉悟到这是排斥了以毛泽东同志为代表的正确路线,贯彻执行了错误的路线所致,部队中明显地增长了怀疑、不满和积极要求改变领导的情绪。这种情绪,随着我军的失利日益显著,湘江战役达到了顶点。"

突破乌江

上图为红军强渡乌江时用的棕绳。

长征出发后,中央红军连续突破敌人四道封锁线,虽然粉碎了蒋介石企图在湘江以东围歼红军的计划,但是也为此付出了惨重代价。在这危急关头,毛泽东建议放弃去湘西同红二、红六军团会合的计划,改向敌人统治力量薄弱的贵州前进。此时,"贵州王"王家烈与国民党中央"追剿"军总指挥薛岳等人召开紧急会议,决定沿乌江北岸抢修碉堡、战壕等工事,层层布防,利用乌江天险作为屏障消灭红军。但国民党中央与贵州地方军阀并非铁板一块,蒋介石一直在寻找机会掌控贵州,想搞垮地方军阀。因此当黔军"围剿"红军时,经常得不到国民党中央军的及时支援,往往陷入单独作战的境地。王家烈对此心知肚明,他在防范红军的同时,也在密切注意着蒋介石的动向,对"围剿"红军并不十分积极,伺机保存实力。这些都成为红军强渡乌江,攻占遵义的有利形势。

1934年12月18日,中央政治局在黎平召开会议。经过激烈争论,会议通过了《关于在川黔边建立新根据地的决议》,从此开始了长征的战略转变。次日,中革军委根据黎平会议精神对中央红军接下来的行动做出重新部署,同时电令红二、红六军团调动湘敌,电令红四方面军钳制川军,以策应中央红军向遵义进发。中央红军一路势如破竹,连克剑河、台拱(今台江)等地,于12月31日占领乌江南岸的猴场。1935年1月1日,中央政治局在猴场召开会议,发布了《关于渡江后新的行动方针的决定》。决定要求红军渡过乌江,到达遵义地区,建立以遵义为中心的黔北地区根据地,然后向川南发展。另外还规定,军委必须在政治局会议上报告作战方针、时间和地点的选择,李德、博古的军事指挥权逐渐被取消。

在猴场会议召开前,中革军委已发出强渡乌江的作战命令。乌江素为黔北屏障,两岸悬崖对峙,江上怒涛汹涌,前有守敌凭险据守,后有追兵近在咫尺,红军的处境十分艰难。红一军团二师四团接到作为"开路先锋"夺取渡口的任务后,一路上散播攻打贵阳的假消息,迷惑敌军。12月31日,二师四团到达乌江江界河渡口,并于次日早晨进行试渡,准备架桥,但在敌人猛烈炮火的攻击下没有成功。经过充分发动群众,很多当地老百姓了解到红军是为穷人打天下的军队,纷纷献计献策。由于渡船都被王家烈烧毁了,有一位当地的老艄公为红军出主意——扎木筏夜间偷渡,并喊来自己的两个儿子一起帮助红军扎木筏。就这样,在当地群众的支援下,二师四团的一个营很快就扎好了几十只木筏。1935年1月1日晚,江水刺骨,月色朦胧,红军组织了18名水性好的战士乘木筏偷渡。但只有以毛振华连长为首的5名战士偷渡成功,其余两只木筏都被水流冲了回来,还有一只木筏下落不明。毛振华等人虽然偷渡成功,但是由于敌众我寡,没有后续部队支援,不敢贸然进攻,只好隐蔽在山崖下。这时国民党追兵薛岳部已向渡口逼近,情况万分紧急,红四团即刻召开党委会议,决定抓紧时间,强渡乌江。二师四团的红军战士遂不顾水流湍急,于2日上午再次进行强渡。他们冒着敌人的炮火奋勇冲过乌江,和昨夜偷渡成功的毛振华等5名战士里应外合,一举将对岸守敌击溃,夺取了被敌人视为天险的高崖。黔军机炮营营长赵宪辉被击毙,团长罗玉春败逃。

稍晚些时候,杨得志率领的红一军团一师先遣团从乌江另一个渡口回龙场组织强渡。那里的情况和红四团面临的一样,别说船只,就连木桨、木板都被敌人销毁了。杨得志发现乌江岸边有很多竹子,而竹子很容易浮在水面上,便组织大家编了很多竹筏,并挑选8名水性好的战士作为渡江先锋,约定划到对岸后以鸣枪两声作为信号。但由于浪大流急,竹筏被掀翻,8名勇士被急流卷走,献出了宝贵的生命。第二批出发的战士并没有因此而退缩,他们吸取教训,在竹筏上安装扶手,选择水流较缓的地方下水,终于偷渡成功。当北岸传来"砰砰"两声枪响的信号时,在南岸等候消息的红军战士欢呼雀跃,马上跳上准备好的竹筏,怒吼着向对岸驶去。敌人做梦也没有想到,在这样雨雪交加的夜晚,红军战士会以竹筏作为渡江工具,从天而降,纷纷溃逃。红军工兵连则趁势组织架桥,他们利用绳索、石块、竹排、门板等材料,只用了36个小时,便在乌江江面上成功架起了一座浮桥。红一军团浩浩荡荡地渡过了乌江。

1月5日,红三军团在茶山关渡口开始渡江。由于此时回龙场、江界河渡口已经失守,敌军守将早已无心恋战,面对英勇无比的红军吓得落荒而逃。

1月6日,中央红军全部渡过了乌江,向遵义进发。当敌军追到江边时,浮桥早已被红军烧毁,只能坐视红军进军遵义了。中央红军分三路突破乌江天险,以无比的机智和勇气粉碎了敌人企图利用乌江阻击红军的美梦,将几十万国民党大军甩在乌江以南地区,为长期作战疲惫不堪的红军赢得了宝贵的休整时间,并为遵义会议的召开提供了条件。当年参加渡江战斗的红一师三团政委萧锋曾赋诗赞道:"三座浮桥南北斩,四万红军都渡完。战略胜利无伦比,聂总上寨乌江险。蒋王大兵二十万,甩在江北干瞪眼。紧握战争主动权,红军机智胜过天。"

前面图中这根红军强渡乌江时用的看似已十分破旧的棕绳,就是当年红军与敌人斗智斗勇、战胜困难的历史见证。

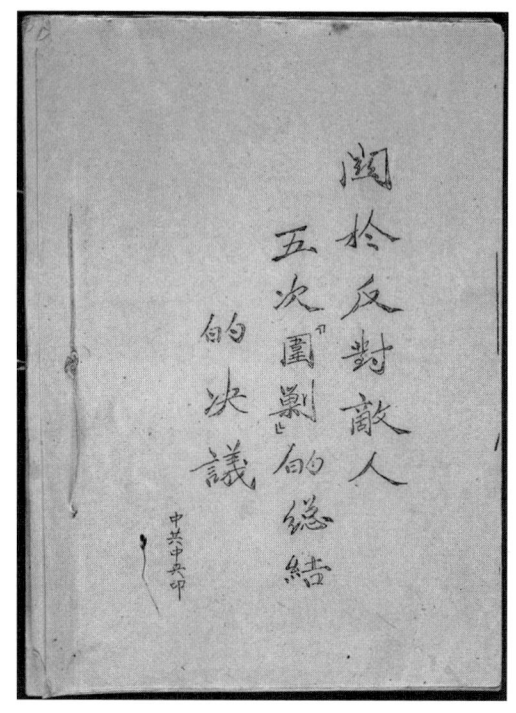

遵义会议

上图为中共中央《关于反对敌人五次"围剿"的总结的决议》。

遵义位于贵州高原北部,北依娄山屏障,南临乌江天险,自古为兵家必争之地,既是贵州的第二大城市,也是红军长征以来所经过的第一座较大的中等城市。

1935年1月15日至17日,中共中央政治局在遵义召开了扩大会议,这次会议经历了一个长期而紧张的酝酿过程。早在第五次反"围剿"过程中,毛泽东就曾多次提出战略性建议,但均被"左"倾领导者所拒绝。长征开始后,毛泽东做了大量细致的思想工作,帮助一些同志明辨是非,转变错误立场。他首先争取到的是当时担任中革军委副主席兼红军总政治部主任的王稼祥。接着,他又做张闻天的工作。此外,他还得到了周恩来、朱德等人的支持。于是,召开会议的条件成熟了。

1月15日晚,中共中央政治局扩大会议在遵义旧城国民党第二十五军第三师师长柏辉章的公馆内举行。会议由博古主持。红九军团军团长罗炳辉、政治委员蔡树藩因在湄潭一带执行警戒任务,未能出席会议;红五军团军团长董振堂因在党内没有领导职务,也未能出席会议。

出席会议的中央政治局委员共6人(以姓氏笔画为序):

毛泽东　中华苏维埃共和国中央政府主席。

朱　德　中国工农红军革命军事委员会主席、红军总司令。

陈　云　全国总工会党团书记,长征开始时为五军团中央代表、军委纵队政治委员、遵义警备司令部政治委员。

周恩来　中国工农红军革命军事委员会副主席、红军政治委员,长征开始时为"三人团"成员。

张闻天(洛甫)　中华苏维埃共和国中央政府人民委员会主席。

秦邦宪(博古)　中共中央总负责,长征开始时为"三人团"成员。

实际上,中共六届五中全会选举的政治局委员还应该有王明(在莫斯科)、项英(在瑞金)、张国焘(在红四方面军)、任弼时(随红六军团去湘西)、顾作霖(1934年5月28日病逝于瑞金)、康生。

中共六届五中全会选举的政治局候补委员共5人,其中关向应不在遵义,因此出席遵义会议的只有4人,即(以姓氏笔画为序):

王稼祥　中国工农红军革命军事委员会副主席、红军总政治部主任。

邓　发　国家保卫局局长。

刘少奇　全国总工会委员长、中共福建省委书记,长征时为八军团中央代表。

何克全(凯丰)　共青团中央书记,长征开始时为九军团中央代表。

参加这次会议的人员还有:

林　彪　一军团军团长。

聂荣臻　一军团政治委员。

彭德怀　中共中央候补委员、三军团军团长。

杨尚昆　中共中央候补委员、三军团政治委员。

李卓然　五军团政治委员。

李富春　中共中央候补委员,红军总政治部副主任、代主任。

刘伯承　红军总参谋长、军委纵队司令员、遵义警备司令员。

列席这次会议的有:

李　德　共产国际驻中国军事顾问,长征开始时为"三人团"成员。

邓小平　《红星报》主编、中央秘书长。

伍修权　翻译。

会议的中心议题:一、决定和审查黎平会议所决定的暂时以黔北为中心,建立苏区根据地的问题。二、总结在反对五次"围剿"与西征中军事指挥上的经验与教训。会议主要围绕军事问题进行讨论、总结并做出决定。

会议由博古主持并作关于第五次反"围剿"的总结报告,他对军事上的接连失利做了些检讨,但主要强调客观原因,强调敌人的强大,把这作为不能在中央根据地粉碎敌人第五次"围剿"的主要原因。

接着,由中革军委副主席、红军总政委周恩来作副报告。他指出,第五次反"围剿"失利的主要原因是军事领导者犯了战略战术方面的严重错误。他主动承担责任,做了自我批评,同时也批评了博古、李德的错误。

按照会前毛泽东、王稼祥共同商量的意见,张闻天作了反对"左"倾军事错误的报告,即"反报告",比较系统地批评了博古、李德在军事指挥上的错误,为遵义会议彻底否定单纯防御路线定了基调。

随后,毛泽东作了重要发言,讲了一个多小时。他认为博古的报告没有抓住问题的症结,没有触及五次反"围剿"军事指挥上存在严重错误这个带有根本性的问题,因而报告是不能成立的。他在发言中一针见血地指出,第五次反"围剿"失败的主要原因绝不在于客观因素,而是由于博古、李德实行单纯防御路线,在战略战术上犯了一系列错误:第一个错误,以堡垒对堡垒;第二个错误,分散兵力;第三个错误,军事上没有利用十九路军事变这一有利条件;第四个错误,在战略转变上迟疑不决,在实施突围时,指挥无章,行动无序,部队行动仓促,使红军的战略突围行动变成了一种惊慌失措的逃跑和搬家式的行动。

紧接毛泽东之后发言的是王稼祥,他在莫斯科与博古是同学,两人关系很不错。但是,当他被派往中央革命根据地后,亲耳听到、亲眼看到在毛泽东的领导下,红军如何取得了第一、第二、第三次反"围剿"的胜利,思想认识发生了极大的转变。在长征路上,他与毛泽东等人共议挽救党和红军命运的大计。

王稼祥发言之后,朱德态度鲜明地支持毛泽东的正确意见。他的发言得到了与会绝大多数同志的积极支持。

时任中央政治局常委和书记处书记、中革军委副主席、红军总政委的周恩来在第二天的会议上发表讲话时指出:"昨天博古同志的报告,我也以为基本上是不正确的。"他表示,"我完全同意毛泽东、洛甫、王稼祥、朱德等同志对党中央所犯错误的抨击","我请求中央撤换我的职务,让过去在战争中用正确的军事原则，巧妙地击退敌人进攻的人来代替。我决心把军事指挥权交还给党，让党来重新安排。泽东同志无疑应该回到野战军的领导岗位上来，我请求中央考虑"。

刘伯承、李富春、聂荣臻、彭德怀、李卓然等都相继发言，表示支持毛泽东的发言和张闻天的"反报告"。

会议一共开了三天，气氛紧张激烈，每天都是开到半夜才休会。最后，会议做出了下列重要决定：一、选举毛泽东同志为中央政治局常委；二、指定洛甫（张闻天）同志起草会议决议，委托政治局常委审查后，发到支部去讨论；三、政治局常委再进行适当的分工；四、取消"三人团"，仍由最高军事首长朱德、周恩来为军事指挥者。委托周恩来同志为党内对于指挥军事下最后决心的负责者。

会议还面临着一个紧迫的问题，那就是红军向何处去。虽然黎平会议和猴场会议都决定建立以遵义为中心的根据地，但是到遵义实地一看，这个地方并不理想。这样，刘伯承和聂荣臻在会议上提出了建议——北上川西北。会议接受了他们的建议，毛泽东进行了补充和完善，主要是要扛起北上抗日的旗帜。这样，红军的行动方向就确定下来了。

遵义会议，把战争问题放在第一位，集中全力解决当时最紧迫的、关系到中国共产党和红军生死存亡的军事问题和组织问题，对认识尚不一致的政治问题留待以后解决。这样做符合当时多数同志的认识水平，既保证了最主要问题的解决，又维护了党内团结。根据毛泽东、王稼祥、朱德、周恩来、李富春、聂荣臻等多数人发言中提出的意见，后来形成了中共中央《关于反对敌人五次"围剿"的总结的决议》。决议总结了第五次反"围剿"以来红军失败的教训，阐明了中国革命战争的特点和相应的战略战术，批评了"左"倾冒险主义在军事上的错误。对此，中共十一届六中全会通过的《关于建国以来党的若干历史问题的决议》予以了高度评价:"遵义会议,确立了毛泽东同志在红军和党中央的领导地位,使红军和党中央得以在极其危急的情况下保存下来,并且在这以后能够战胜张国焘的分裂主义,胜利地完成长征,打开中国革命的新局面。这是党的历史上一个生死攸关的转折点。"

一渡赤水

上图为红军一渡赤水时留下的手榴弹和钢盔。

遵义会议后,中央红军按照会议确定的方案向川西北进发,仍以左中右三路编队前进:第三军团为左路,由懒板凳出发,经遵义、大桥、李子关、回龙至土城;第五、第九两个军团和中央纵队为中路,经桐梓、九坝、良村、东皇殿至土城;第一军团为右路,由松坎、新站、桐梓等地出发,经温水、良村、东皇殿,向赤水河畔推进。与此同时,中共中央致电红四方面军,令其突破嘉陵江,吸引和钳制川东之敌,配合中央红军自泸州上游渡过长江。

1935年1月27日,左中右三路纵队均抵达以土城为中点的赤水河畔,中央机关和干部团进驻赤水县(今赤水市)土城。土城是一个倚河而建的小镇,上百间木板房依山临水,错落有致,沿一条石板路逶迤至河边。它虽然只是赤水河边的一个小码头,但是由于其东、南、北三面山岭连绵,地势险峻,居黔北大道要冲,因而战略地位十分重要。中革军委对攻占并巩固土城非常重视,把它作为实现北渡长江、进而"赤化四川"战略计划的首要步骤。

为夺取北上渡河点,必须攻占已被川军占领的赤水城。1月26日,红一军团从旺隆场等地向赤水城进发。但当红一军团第一师前进到离赤水城15公里的黄陂洞时,与南下的川军遭遇,陷入敌人的三面包围之中。激战至下午,川军增援部队赶来,红一师坚持战斗到黄昏,仍撤回旺隆场。同一天,红一军团第二师也在距赤水城10公里的复兴场,与川军展开激战。敌增援部队赶来后,两军展开肉搏战,最后红二师只得撤出复兴场。当夜,林彪向中革军委报告了前进失利的消息。

与此同时,川军却紧紧追来,郭勋祺部两个旅尾追红军不舍,其先头部队已到达土城以东地区;"模范师"第三旅随郭部跟进;另一部一个团占领习水。中革军委为击破川军的追堵,于1月27日决定乘薛岳兵团主力远在乌江南岸,黔军侯之担部又被红军击败的有利时机,集中主力围歼川军郭勋祺部先头四个团,以保障红军下一步顺利北渡长江。

1月28日晨,红三、红五军团及干部团,在彭德怀、杨尚昆的统一指挥下,从南北两面向进占枫村坝、青杠坡之川军郭勋祺旅、潘佐旅各三个团发起进攻。经过激战,川军一部虽被击溃,但其主力仍在顽抗。为加速战斗进程,红一军团一部也投入战斗,双方展开了激烈的肉搏战。战至黄昏,红军虽给敌军以重大杀伤,但未能全歼,双方形成对峙状态。此时,敌廖泽等后续部队迅速增援上来;范子英亲率8个营,由古蔺向土城方面迂回堵截;赤水的陈万仞两个旅及徐国暄支队也从西北向红军侧后攻击,形势对红军越来越不利。

土城战斗一直持续到28日黄昏,敌我两军形成了对峙局面。这是因为对敌情判断错误所致,原以为敌军是两个旅四个团六七千人,后来发现这个地区的敌人实际为四个旅八个团共一万多人;加上战前对川军的武器装备优于黔军的状况估计不足,经过一天激战,虽予敌以重创,但我军也遭受很大伤亡。此时,川敌后续部队陆续赶来增援,位于赤水城以南的敌军两个旅也向中央红军侧击,如果再战于红军十分不利。

面对此情,毛泽东意识到这是一次难以为继的危险战斗,土城战役不能再打下去了。他立即召集中革军委主要领导开会,分析了土城战役不能再打下去的原因,指出:"土城之所以不能再打,一是地形不利于我们,河流众多;二是敌人的援军已快要赶到,敌人兵力都会集中到这里来了;三是这一仗再打下去,将形成一个消耗战,会使我军损失太大。"

接着,会议认真研究了红军下一步的行动方向。根据各路敌军奔集川南追堵红军的新情况,原计划由赤水北上,从泸州至宜宾之间北渡长江的方案行不通了。毛泽东果断地提出:"为了打乱敌人的尾追计划,变被动为主动,不应与郭师恋战,作战部队与军委纵队应立即轻装,从土城渡过赤水河西进。"

赤水河是黔北的三大水系之一,是川黔边界的主要分界水道。它发源于云南省镇雄县,经过贵州的仁怀、习水、赤水等市县和四川的古蔺、叙永到合江注入长江,在重峦叠嶂的云贵川三省交界的山区里蜿蜒七百余里,宽处有三百多米。

1月29日3时,中革军委发出了西渡赤水河的命令:"我野战军拟于29日拂晓前脱离接触之敌,西渡赤水河向古蔺南部前进",并规定了各军团的行动路线和渡河点。29日凌晨,中央红军除以少数兵力阻击敌人外,主力分三路纵队西渡赤水河。第一、第九两个军团和中央纵队一部为右纵队,统归林彪指挥,自猿猴场渡河,转向古蔺以南地区前进;中央纵队大部和第三军团第五师为中路,由土城下游经浮桥过河,取道角子头、三角塘及头场坝前进;第五军团和第三军团大部为左纵队,统归彭德怀、杨尚昆指挥,由土城上游浮桥过河,取道头场坝向太平渡前进。渡河后不久,红军右纵队改向叙永、古蔺间的两河镇方向前进,中央纵队则与左纵队会合,直奔扎西地区。

中央在《告全体红色指战员书》中指出:"为了有把握的求得胜利……红军必须经常的转移作战地区,有时向东,有时向西,有时走大路,有时走小路,有时走老路,有时走新路,而唯一的目的是为了在有利条件下,求得作战的胜利。"

红军在一渡赤水时留下的手榴弹和钢盔,无疑是毛泽东用兵如神的一个最好的见证。渡过赤水河后,中央红军以新的进攻姿态出现在川南,引起敌人很大的恐慌。可以说一渡赤水是在土城战役失利、敌情严重的情况下进行的,它虽无法与其后的几渡赤水相比,但却是毛泽东变不利为有利、变被动为主动的一个卓越指挥范例。

扎西缩编

上图为红军在扎西缩编中留下的 X 光机。

1935 年 1 月中旬召开的遵义会议,使党中央领导层认识到,为了提高部队机动作战的能力,有必要对中央红军进行彻底的缩编。

1935 年 2 月 4 日至 14 日,中央红军向云南扎西(今威信)地区集结。部队的一些干部和战士尚未走出土城战役失利的阴影,一些部队的番号成了空架子,一线战斗人员普遍缺乏,而机关后勤人员却为数众多。对此,陈云深有感受,他于 1935 年 10 月 15 日在苏联莫斯科召开的共产国际执行委员会书记会议上所作的《关于红军长征和遵义会议情况的报告》中指出:红军上路时携带辎重太多,带了许多笨重的机器和大量物件,把兵工厂、印刷厂、制币厂等工厂的机器都抬走,有的机器拆开后要几十人抬,专门运输这些设备的就有5000人。这些笨重的辎重,使红军的军事行动困难重重,后卫部队往往落后先头部队达10天的距离。红军主力部队变成了辎重护卫队,大大削弱了战斗力。为什么要带这么多的辎重呢?这是一种不正确的幼稚的政治观念导致的后果。当时认为,建立新的根据地,就是简单地从一个地方搬到另一个地方。

到达扎西后,中共中央政治局于2月5日晚至9日,在行军途中一天变换一个地点连续召开会议,形成了党的历史上著名的扎西会议。

2月9日,中央政治局在扎西镇召开政治局扩大会议,进一步讨论了对中央红军进行精减缩编的问题。会议由张闻天(洛甫)主持,参加会议的有周恩来、毛泽东、朱德、陈云、博古(秦邦宪)、王稼祥、刘少奇、邓发、凯丰(何克全)等,还扩大至董必武、徐特立、林伯渠、谢觉哉、毛泽民等人。会议讨论红军的战略方针,并形成了一系列重要文件,保存至今的有《遵义会议决议》(将遵义会议决议正式形成中共中央《关于反对敌人五次"围剿"的总结的决议》文件)、《决议大纲》、《中央书记处致项英转中央分局电》、《中共中央给中央分局的指示》、《军委关于我军向川滇黔边发展的指示》、《军委关于各军团缩编的命令》(以中央军委名义发布)、《为创造云贵川边苏区而斗争》等。

由于事关重大,会议结束后便连夜拟稿,中革军委主席朱德,副主席周恩来、王稼祥于第二天凌晨2时正式发出了《军委关于各军团缩编的命令》,指出:"为适应目前战斗的需要,并充实各连队的战斗力,以便有力地消灭敌人有生力量,便于连续作战,军委特决定实行缩编各军团的战斗单位";"一、三军团均取消现成师部的组织,各以新颁布的编制表编足四个团";"五军团将现有的三个团依新颁布的编制表编为两个团;九军团将现有人数以五分之三的人数依新编制表编为一个团并入五军团为其第三个团,其余五分之二的人数编入三军团;一、三军团军团部应依新编制表改编,其他多余的人员应尽量补充到战斗连中去,其一部经过宣传与选拔可成立游击队在地方活动"。

在扎西发布的《军委关于各军团缩编的命令》,既是红一、红二、红四方面军长征途中对战斗部队发布的唯一的一个缩编令,也是红军长征中进行的最大的一次缩编。这个缩编命令的下达,可以说是几万红军指战员用鲜血换来的,标志着中共中央彻底纠正了博古等人推行的"战略搬家"的错误思想。

吃够了"大搬家"苦头的红军指战员非常拥护中革军委的正确决策。为了使该命令在紧张而危重的局势下得以执行,各军团及军委纵队利用休息间隙,组织部队及后勤人员进行了有力的思想动员工作。如中共中央与中革军委在1935年2月16日发布的《告全体红色指战员书》中号召:为了有把握的求得胜利,我们更必须求得部队的休息与整理,充实连队与加强连队战斗力,是我们目前的迫切任务。"缩编我们的战斗单位,也正是为了达到这一目的。"

在具体的缩编工作中,红军卫生部仅有的一台X光机也上了清单,这是上海地下党的同志费了很大劲儿才弄到中央苏区的。长征开始后,红军战士把它从江西宁都一路抬到云南扎西。它重二十多公斤,包括装X光机的木箱、X光发射箱、X光透视器、电压调节器等部件,产地为美国芝加哥通用电动光机厂。卫生部部长贺诚舍不得将这个"宝贝"留下,说将来建立根据地还大有用处。毛泽东闻讯后做贺诚的思想工作说:"将来革命胜利了,X光机有的是,不要舍不得,让抬机器的战士去充实连队。"就这样,贺诚才忍痛将它留下来寄存在一农户家里。

通过此次缩编精简机构,中央红军甩掉大量沉重的辎重设备,大大减少了运输人员,把干部层层下放充实到战斗连队。扎西缩编,改变了红军"上重下轻"的组织形式,减轻了部队负重,精减了机关,加强了部队的战斗力,为后来红军开展机动灵活的运动战创造了很好的条件。陆定一等人后来曾在《中国工农红军第一方面军长征记·长征歌》中称赞扎西缩编:"二月里来到扎西,部队改编好整齐。发展川南游击队,扩大红军三千几。"

为什么要在扎西进行缩编,采取轻装前进的战法?因为中央红军是无根据地作战,敌人依仗优势兵力,分几路向红军进攻,红军兵力处于劣势,不足以同时击溃多路敌人的进攻,又不能与敌人进行持久作战。同时,云贵川三省的交通不便,多小路、山路,一方面敌人无法构筑堡垒来阻挡红军,另一方面敌人也无法快速调动,迅速构成对红军的包围圈。而红军在人民群众的支援下,却可以通过走山路、小路,迅速摆脱敌人,跳出包围圈。

扎西缩编后,中央红军以全新的姿态出现,出其不意,挥戈东进,二渡赤水河入黔。红军在5日内连下桐梓、娄山关,再占遵义城,击溃王家烈部8个团和吴奇伟部2个师,缴获枪2000余支,俘敌约3000人,取得了中央红军长征以来的第一个大胜仗。这一仗,是经扎西缩编将中央红军主力部队进行彻底轻装,部队机动作战能力增强后显现出的第一个重大战果。

激战娄山关

上图为红军在娄山关战斗中缴获的皮包。

自中央红军从遵义地区北上以后,敌军主力已全部被吸引到川滇边地区,黔北地区的防守兵力比较薄弱。因此,中革军委于 1935 年 2 月 10 日决定,中央红军迅速转兵东进,二渡赤水河,再次向黔北进军,以摆脱川军、滇军的夹击和国民党中央军的追击。

1935 年 2 月 11 日,中央红军各纵队由扎西地区开始东进。2 月 15 日,中央红军进入营盘山、黑泥哨等地区。2 月 18 日至 21 日,中央红军遵照中革军委的命令，由太平渡、二郎滩等渡口东渡赤水河（即二渡赤水）。接着，以红一、红五、红九军团及军委纵队为左纵队，红三军团为右纵队，向敌人兵力比较空虚的桐梓地区急进。同时，以红五军团的一个团向温水开进，以吸引和迷惑追敌。

2月24日，红一军团前锋消灭了王家烈第四团一部，再次攻占桐梓县城。

2月25日晨，中革军委决定再占娄山关。

娄山关又名太平关，位于黔北大娄山山脉，主峰笋子山，关南通遵义市，关北临桐梓县，是黔北门户。群山中有一条公路穿关而过，那时这条公路还不能通汽车。山顶上有两间茅屋，一块石碑上写着"娄山关"三个大字，人们称它为"雄关""铁关"，确实是"一夫当关，万夫莫开"的险要之处。自古以来"娄山关"就以军事要隘闻名，是兵家必争之地。

接到命令后，红三军团军团长彭德怀、政委杨尚昆奉命指挥一、三军团及干部团进攻娄山关，决定由红三军团第十三团担任主攻，红一军团第一团向关东侧迂回，其余各部随前锋向娄山关挺进。

25日上午9时，红三军团十三团向娄山关疾进，在进军途中与黔军刘鹤鸣团相遇。此时，敌师长柏辉章正派兵向娄山关右翼增援，并令刘鹤鸣"固守娄山关三日"待援。红十三团团长彭雪枫、政委苏振华率部在强大火力的掩护下发起佯攻，一营攀悬崖进攻制高点点金山，一时间喊杀声震天，枪炮声大作，冲锋队员端着刺刀跃入敌阵，经过激烈的肉搏战，终将守敌击溃，夺取了制高点。彭雪枫回忆说：

"在地形上说，我们是不利的，娄山关给敌人抢到手了，并且有一个团在固守着。另一个与我们接触的团虽然向后转了，然而每一个山头都成了他们顽抗的阵地。为要抢关，就不得不'仰攻'了，更何况我们主力还在桐梓未来呢。

"'无论如何要夺取娄山关!'这是自高级首长以至普通的战斗员全体一致的意志。

"第一梯队进入冲锋出发地,第二梯队在不远的隐蔽地集结,火力队位置于指挥阵地中对着敌人猛烈射击。冲锋信号发出了,喊声如雷,向着敌人的阵地扑过去,一阵猛烈的手榴弹,在烟尘蔽天一片杀声中夺得了点金山。

"登临点金山顶,可以四望群山,娄山关口也清楚地摆在眼前,敌人一堆一堆地在关的附近各要点加修工事。娄山关,虽然不远,然而仍须翻过两个山头,而这两个山头,都被敌人占据着。机关枪连续地向着我们射击,这是敌人最后挣扎的地方了。将近黄昏,加以微雨,点金山的英雄们并未歇气就冲下去。疲乏、饥饿控制着每一个人,然而并未减少他们的勇气。在团的首长直接领导之下,组织了冲锋,配备了火力。一阵猛烈射击,一个跑步,敌人后退。但不等你稳固地占领这一阵地,他们又呐喊着反攻回来了,阵地又被敌人恢复。第二次,第三次,第四次,终究不能奏效。大家看得清楚,有一军官,在后头督队(俘虏说是个旅长)。他的士兵坍下了,又被他督上来。他异常坚决,马鞭子赶,马刀砍,士兵们只得垂头丧气地跑回来。……娄山关占领了! 娄山关是我们的了。"

此后,敌人拼死反扑,双方展开拉锯战。下午4点,红军连续攻占了娄山关两侧多座山头,完全突破了敌人的防线,在黄昏前牢牢控制了关口。

26日清晨,娄山关上云雾密布,盘踞在关南的敌精锐部队多次向关口发起集团冲锋。战斗异常激烈,一直持续到下午5时,关口始终掌握在红军手中。此战,红军共歼灭和击溃敌人4个团,随后乘胜猛追,又歼敌

4个团。

前面图中的那个皮包,就是红军战士在娄山关战斗中缴获的。

遵照中革军委的指示,中央红军在占领娄山关后,红一、红三军团即乘胜向遵义方向追击。

傍晚时分,毛泽东、周恩来、朱德等策马登上娄山关。那时候,硝烟还没有散尽,战场也尚未打扫。在凛冽的寒风中,望着缓缓西沉的夕阳,毛泽东感慨万千,即兴填词一首《忆秦娥·娄山关》:

西风烈,
长空雁叫霜晨月。
霜晨月,
马蹄声碎,
喇叭声咽。

雄关漫道真如铁,
而今迈步从头越。
从头越,
苍山如海,
残阳如血。

强渡嘉陵江

上图为红四方面军第三十军某团团长陈东贵在长征途中使用过的手枪及子弹、军刀。

1934年10月,当中央红军撤离中央苏区开始战略转移时,遥距数千里之外的另一支红军——红四方面军,面临的局面也很严峻。

11月中旬,红四方面军在巴中清江渡召开军事会议,讨论新的行动方针,制订下一步战略计划。其主要内容是:依托老区,收缩战线,发展新区,以胡宗南部为主要打击目标,夺取甘南的碧口和文(县)、武(都)、成

(县)、康(县)等地区,并伺机向岷州、天水一带发展,以打破敌人的"川陕会剿"。由于这一计划是将川陕根据地扩展为川陕甘根据地,所以又被称为"川陕甘计划"。

遵义会议后,中共中央给红四方面军发电,将会议的情况简要地告诉了红四方面军的领导人。不久,中共中央又致电红四方面军,要求派一个师南进,接应中央红军北上。

如何执行中央的命令?徐向前回忆说:

"我们立即开会,讨论如何策应的问题。派部队出去多了,等于大搬家,放弃川陕根据地。少了,去一个师,等于拿肉包子打狗,有去无回。四川那种地形,敌人把山险隘路截断,你无处可走哇!还有,从敌人报纸上得悉,徐海东已率红二十五军抵豫南一带,也需要我们接应。有的说先派一个团去吧,有的说我们又不是三头六臂,一个团哪能行呵!怎么办?讨论来讨论去,想不出好办法。

"不久,中央又来电指出,红四方面军的任务是集中全力西渡嘉陵江,突入敌后,在运动中寻机歼敌,策应中央红军渡江北进。这意味着,红四方面军主力将离开川陕根据地,向嘉陵江以西发展。这是一个关系川陕苏区和红四方面军全局的战略性问题。

"中央发出这个电报时,中央红军已离开遵义,向川黔边的赤水方向前进。形势十分紧迫,不容犹豫。在旺苍坝,红四方面军总部召开紧急会议,讨论这一牵动全局的作战方针问题。

"会议最后决定:第一,暂时停止与胡宗南的角逐。第二,由红三十一军和总部工兵营,火速搜集造船材料,隐蔽造船,解决渡江工具问题。第三,适当收缩东线兵力,准备放弃城口、万源一带地区。第四,即以主力一部出击陕南,调动沿江敌人北向,为在苍溪、阆中一线渡江创造战机,并接应已进入陕南商县一带的红二十五军。"

嘉陵江,是四川的四大河流之一,起源于陕西凤县的嘉陵谷,由北至南,自广元起汇合白龙江水流,一泻千里,直下长江。两岸山峦耸立,江面宽阔坦荡,中上游出没于高山峡谷之间,奔流湍急,素被誉为"难以逾越的天堑"。

凭借自然界的天险,敌军在嘉陵江西岸设置了一道人为的屏障。敌军以53个团的兵力布防于北起朝天驿、南至南部新政坝约300公里正面的嘉陵江西岸广大地区,纵深直至涪江沿岸。

为制订可行的渡江计划,寻找有利的过江起渡点,胜利实现渡江,红四方面军总指挥徐向前、副总指挥王树声,率领孙玉清、杜义德及参谋人员,翻山越岭,沿嘉陵江东岸秘密勘察地形,选择渡口,先后用了数天时间,行程数百公里。徐向前等人察看后,发现敌人的江防并非固若金汤、铁板一块,其间有不少薄弱环节。据此,徐向前提出渡江作战计划:以苍溪城东以南约4公里的塔子山为主渡点,实施重点和多路突击相结合的战法。具体部署如下:

第三十军为渡江主攻部队,于苍溪城东以南塔子山附近实施重点突破,消灭守敌之后向剑阁、剑门关方向进攻,协同第三十一军消灭剑门关之敌;

第三十一军居右,从苍溪以北之鸳溪口渡江,尔后消灭剑门关守敌,并迅速向昭化、广元发展进攻,打击邓锡侯部和阻击位于甘南的胡宗南部南下,保障红军右翼安全;

第九军居左,从阆中以北渡江,尔后以一部兵力协同第三十军向北进攻,以另一部兵力消灭阆中、南部的守敌,保障进攻部队左翼安全;

第四军为第二梯队,待第一梯队渡江成功后在苍溪渡江,以一部兵力向南迂回,协同第九军消灭南部守敌,主力向梓潼方向发展。

方面军总部炮兵团配置于苍溪塔子山上,掩护第三十军强渡。

整个渡江战役由徐向前负责全盘指挥工作。陈昌浩在东线指挥第三十三军及地方武装牵制敌人,配合渡江战役的行动。

渡江地点确定后,红四方面军立即投入紧张的准备工作。经过1个多月的努力,渡江所需的上百条船和3座竹扎便桥造出来了。在造船的同时,培训红军水手的工作也在抓紧进行。各部队利用嘉陵江的支流河汊,苦练渡江本领,熟练地掌握渡江作战的技术。

1935年3月28日傍晚,红三十军在政委李先念、副军长程世才的指挥下,按照预先选好的渡江地点,梯次隐蔽在附近山沟里。几十只小船已被抬到江边下水,按编号顺序,依次排开。

午夜时分,总指挥徐向前下达渡江命令。按照预定作战部署,第三十军居中,第三十一军在右翼,第九军在左翼,三路大军像三把钢刀,直插嘉陵江西岸。

担任主攻的第三十军先头部队,由副军长程世才、师长熊厚发率领。随着师长熊厚发一声令下,第八十八师二六三团两个营的战士分乘50多只小船,如利箭离弦,直射对岸。程世才在回忆这件事时写道:

"在茫茫夜幕里,由于江涛拍岸声淹没了船桨击水的声音,所以直到船队距敌岸不到50米的时候,才被敌人发现。敌人开始用步枪射击。此时,我渡江部队船头的步机枪一齐向岸上的敌人开火,部署在东岸的炮兵也向敌人开炮。还没有等到敌人的火力展开,突击部队已胜利登岸。

"先头部队登陆成功后,很快全歼守敌3个连,占领敌军1个营的江防区,控制了江防要地。第八十八师后续部队两个团紧接其后渡江,投入战斗,乘势攻占西岸飞虎山、高城山、万年山等制高点,击溃敌军1个旅。

左翼第九军从阆中以北的涧溪口强渡成功,3 月 31 日攻克阆中,并沿苍溪东岳庙向剑阁方向进击。继第一梯队的 3 个军渡江之后,作为第二梯队的第四军也渡过嘉陵江,其一部配合第九军一部攻打南部县城,守敌一触即溃,不战而逃。"

红四方面军经过连续作战,控制了东自嘉陵江、西至北川、南起梓潼、北抵青川纵横一二百公里的广大地区。至此,从 3 月 28 日开始,历时 24 天的强渡嘉陵江战役结束。红四方面军攻克了阆中、南部、剑阁、昭化、梓潼、青川、平武、彰明、北川等 9 座县城,共歼敌 12 个团,1 万余人。

从强渡嘉陵江起,红四方面军就开始了长征。

彝海结盟

上图为刘伯承与小叶丹结盟时用的刀。

1935年5月,为争取时间,赶在国民党中央军到达之前抢渡大渡河,中革军委成立了以刘伯承为司令员、聂荣臻为政委的渡河先遣队。5月20日,先遣队抵达泸沽地区,经研究决定取道冕宁,北上到大渡河边的安顺场。刘伯承之所以如此选择,是因为这一路为彝民聚居区,道路崎岖难走,敌人疏于防范。

从冕宁到大渡河,中间隔着大凉山地区。这里聚居着中国西南部的一个少数民族——彝族,当时还处在奴隶制社会阶段。整个彝民社会由若干家支组成,每个家支都有自己的头人。彝族民风剽悍,各家支之间经常因抢夺奴隶等矛盾而械斗不息,俗称"打冤家"。但如果遇到外人入侵,各家支也会联合对外。由于历代统治者在这里实行民族压迫政策,彝民与汉人之间有着很深的隔阂,他们特别反对汉族"官兵"入境。显然,红军要想顺利通过彝民区,做好彝族上层人士的统战工作,消除彝民的对立情绪,尤为重要。

渡河先遣队成立后,毛泽东一再叮嘱刘伯承和聂荣臻:"过彝民区,一定要尊重彝族同胞,不能放枪,不能伤害彝族兄弟。先遣队的任务,不是去打仗,而是去宣传我们党的民族政策,用政策的感召力去与彝族达成友好。"刘伯承等人为此调查了解了彝族的风俗习惯,在部队中进行党的民族政策教育,还在出发前动员大家说:"过了冕宁县城,就是彝区了。有一种传说,《三国演义》里诸葛亮七擒孟获,就是在这个地区。彝人对汉人猜忌很深,语言又不通,他们会射箭、打枪,但他们不是奉蒋介石的命令,他们和国民党军队不是一回事。我们要严格执行党的民族政策,争取和平通过彝区。没有聂政委和我的命令,谁也不许开枪!"

1935年5月21日,渡河先遣队占领冕宁,释放了监狱里被国民党扣为人质的彝族"囚犯",并请他们喝酒,缓和民族对立情绪。次日,渡河先遣队进入大凉山彝族聚居区。在行进到谷麻子附近时,很多彝族群众围了上来,他们一边挥舞着大刀,一边高声叫嚷着,阻止红军前行。后边准备为部队架桥的工兵连,由于人数较少,被彝族群众抢去了器械,甚至扒光了衣服。面对这种野蛮的挑衅行为,红军尽量保持克制,严格执行刘伯承司令员下达的不许向彝族同胞开枪的纪律,而是由通司(翻译)大声向彝族群众说明,红军与国民党的军队不同,他们不是来抢劫、杀害彝族同胞的,只是借道北上。但彝族群众就是不肯放行。正在混乱僵持之际,前面山谷处几名彝人骑着骡马急驰而来,为首的正是当地沽基家支首领小叶丹的四叔沽基约达。先遣队群众工作队队长肖华通过通司与沽基约达交涉，向他说明红军是为穷人打天下的军队，红军此行不想打扰彝族同胞，只想借道北上，并表示刘伯承司令员愿与其头人结为兄弟。沽基约达虽然将信将疑，但他看到红军军纪严明，毫不侵犯彝族群众的利益，便欣然同意。双方互赠信物，约定在彝海边举行结盟仪式。

小叶丹的全名为沽基·木吉·叶丹，沽基（或译为沽鸡）为家支名称，木吉是其父名，由于年纪较轻，有时为了与同名的叶丹相区别，于是便在叶丹前面加一"小"字。小叶丹豪爽重义气，又能言善辩，在冕宁一带很有影响力。当时，沽基家支正与冕宁拖乌的另一罗洪家支"打冤家"，小叶丹听四叔说完交涉的情形，也非常愿意与红军结交。

小叶丹与刘伯承按约来到彝海边。彝海原名"鱼海子"，彝语叫"乌勒苏泊"，即海子的意思。彝海海拔2000多米，是一个高山淡水湖，四周山峦环抱，林木葱葱，风景秀丽，选择在这里举行结盟仪式再合适不过了。按照彝族的风俗习惯，小叶丹找来一只鸡杀掉，将血滴入盛满湖水的瓷碗。刘伯承先举起碗，大声说道："上有天，下有地，今天我同沽基小叶丹在彝海子边结为兄弟，如有反复，天诛地灭。"说完后一饮而尽。小叶丹紧接着也高声盟誓，将"血酒"一口喝下。前面图中刘伯承与小叶丹结盟时用的刀，就是当时彝海结盟的历史见证。彝海结盟是民族团结和军民团结的典范，不仅在一定程度上消除了彝汉隔阂，而且在彝族聚居区播下了革命的种子，对以后这里的革命斗争产生了深远影响，是红军长征史上光辉的一页。

当晚，刘伯承买下村里所有的酒，设宴招待小叶丹等18位沽基家支头人，同时还邀请了罗洪家支头人罗洪作一。席间，刘伯承反复劝解沽基家支与罗洪家支和解，劝他们要保持团结，与红军一起消灭国民党反动派。同时，刘伯承将一面写着"中国彝民红军沽基支队"的旗帜赠给小叶丹,并当场写下委任状,任命他为支队长,其弟沽基尔拉为副支队长。

第二天,小叶丹亲自护送红军到自己的家乡——中心乡萨塔村。由于"彝海结盟"的消息不胫而走,沿途的彝族同胞和前两天判若两人,他们煮茶备食,夹道欢迎红军。走出沽基家支领地的时候,小叶丹派四名向导为红军带路,并与其他家支通气,保证先遣队和后面的红军顺利通过彝族聚居区。

红军走后,小叶丹谨记刘伯承的嘱托,组织彝族同胞在"中国彝民红军沽基支队"的旗帜下坚持斗争,打击国民党派到那里的军队,直到1941年被反动彝族军阀邓秀廷镇压。小叶丹被捕前,将"中国彝民红军沽基支队"队旗藏在背篼下面特制的夹层里,对他的妻子说:"红军一定会回来的,刘伯承我信得过,他绝不会骗我。万一我死了,你们一定要保护好这面红旗,将来把它亲手交给红军。"1942年,出狱不久的小叶丹遭到被国民党军队收买的部族武装伏击,不幸身亡。1950年,小叶丹的妻子遵照丈夫的嘱托,把这面旗帜献给了人民政府。

强渡大渡河

上图为报道17名勇士强渡大渡河的《战士报》。

大渡河边的安顺场,是1863年太平天国名将翼王石达开全军覆没的地方。也许是历史的巧合,72年后的1935年5月,中央红军也来到了这里。

大渡河,是岷江的支流。它发源于四川、青海两省交界处的果洛山,聚积高原、雪山、草地的涓涓清流,汇成一股滚滚洪流,自北而南,直下横断山脉,千回百转,劈山裂岭,向东呼啸而去。

早在中央红军渡过金沙江后,蒋介石即断定红军必定渡河北上,因而飞抵昆明亲自部署大渡河会战,命令沿线各部赶筑碉堡工事,并调集10余万大军,企图将中央红军围歼于金沙江以北、大渡河以南、雅砻江以东地区,使中央红军成为"石达开第二"。

此时的中央红军渡河先遣队红一师第一团在通过大凉山彝族聚居区后,冒着大雨经过70多公里的急行军,于5月24日赶到安顺场。

安顺场是个有近百户人家的渡口小镇,紧临大渡河南岸,位于南北对峙的高山脚下的河谷地带。安顺场渡口的守敌是国民党第二十四军余味儒团所属韩槐阶营长率领的一个营。韩槐阶原系四川名山县百丈场哥老会的头子。为了"确保河防,围厄红军",他将南岸的渡河船只和粮食,全部收缴集中到北岸,实行坚壁清野。为了扫清射界,他还强迫老百姓搬家,在安顺场遍街堆起很多柴草,预定在5月24日放火烧街。

5月24日这天,正当韩槐阶营驻安顺场的一名连长组织人员准备放火烧街的时候,恰遇安顺场的恶霸地主、第二十四军彝务总指挥部的营长赖执中从西昌地区阻击红军败逃回来。由于安顺场的房屋有一大半是他家的私产,于是他便和正要放火的连长争吵起来。最终他和团长余味儒达成协议,只要红军一逼近就放火烧街。

夜袭安顺场的战斗打响了。担负作战任务的红一团,留三营为预备队并保卫机关;二营由团政委黎林率领,去下游佯攻,吸引敌人主力;一营由团长杨得志率领攻打安顺场,消灭守敌。部署完毕,红军战士们便摸黑前进。

一营战士下了山坡,沿着山脚下的小路,分几路跑步前进。红军的尖刀排与敌人的巡逻兵接上了火,很快将敌人消灭。一营的一连和三连,继续肃清残敌,负责附近的警戒。营长孙继先嘱咐二连连长熊尚林和指导员黄守义:"只要船在这边,敌人就是把它塞在老虎嘴里,我们也要把它拉出来。现在最要紧的是抓紧时间,不要让敌人带船逃跑了。"夜色朦胧,二连战士沿着河滩仔细搜索。在一条小河岔口附近,他们发现水面有个黑点正在移动,隐隐约约地听到划水声。原来是赖执中派守小船的那一班人,见势不妙,便乘船向对岸逃跑,但离岸尚且不远。指导员黄守义命令战士们:"马上把船夺回来!"河边水浅,战士们跳到水里,奋不顾身地向船冲去。夜袭安顺场胜利了,唯一的一艘渡船被红军缴获。

安顺场渡口,河宽约 300 米,水深 10 多米,水流速度约每秒 4 米,水中礁石林立,急流咆哮,声震如雷。尤其是 5 月下旬气候转暖,上游雪水融化,河水暴涨,水流更猛,浪涛更凶,对岸高山连绵,易守难攻。这是中央红军长征以来遇到的第三道天险,也是最险峻的天险。

5 月 25 日,在团长杨得志的带领下,红一团开始强渡大渡河。战前,他对部队进行了政治动员,说明这次渡河关系全军成败,一定要战胜一切困难,完成任务,为全军打开一条通往胜利的道路。上午 7 时,二连连长熊尚林等 17 名勇士组成的"渡河奋勇队",在团机枪连和军团炮兵营火力的掩护下,乘小船由安顺场驶向对岸,一场惊心动魄的渡河战斗开始了。勇士们乘坐小船,在船工的帮助下,冒着敌人密集的火力,一会儿坠入浪谷,一会儿抛上浪峰,在弹雨中前进,奋力拼搏,战胜了惊涛骇浪,冲过了敌人的重重火网,终于登上了对岸。敌人见红军冲上来了,顿时慌了手脚,将手榴弹、滚雷像冰雹似的往下扔。智勇双全的勇士们,利用又高又陡的台阶死角作掩护,沿台阶向上猛冲猛杀,经过激烈战斗,击溃守敌,终于控制了对岸渡口,巩固了滩头阵地,从而在敌人视为插翅难飞的天险大渡河防线上,打开了一个缺口。

17 名勇士强渡大渡河的成功,使红军从石达开全军覆灭之地杀出了一条生路。虽然红军大部队没有全部从这里渡河,但是这一英雄壮举,深深地震撼了敌人,也为红军沿大渡河两岸北上夹击泸定桥守敌创造了有利条件,对于红军夺取整个大渡河战役的胜利具有十分重要的意义。

曾任美国国家安全事务助理的布热津斯基，1981年7月携全家到四川安顺场旅游，参观了当年中央红军胜利渡过的大渡河。回去之后，感触颇深，写下了一篇题为《沿着长征路线朝圣记》的文章，描述自己的感受："在我们走近大渡河时，曾经一度怀疑它是否真的像长征战士在回忆录中描述的那样水流湍急，险象环生；及至亲眼目击，才知并非言过其实。这条河水深莫测，奔腾不驯，加上汹涌翻腾的漩涡，时时显露出河底参差狰狞的礁石，令人触目惊心，不寒而栗……"

红一团强渡大渡河成功后，红一军团政治部出版的《战士报》报道了红一团的事迹，并刊登了强渡大渡河的勇士们的名字：二连连长熊尚林；二排排长罗会明；三班班长刘长发，副班长张表克，战士张桂成、萧汉尧、王华亭、廖洪山、赖秋发、曾先吉；四班班长郭世苍，副班长张成球，战士萧桂兰、朱祥云、谢良明、丁流民、陈万清。该期《战士报》的内容，是在强渡大渡河后，红一军团对强渡大渡河战斗的总结和对强渡大渡河英雄的表彰，是历史的真实记录。

飞夺泸定桥

上图为泸定桥的铁索链。

遵义会议后,中央红军在以毛泽东为首的三人军事小组的指挥下,取得"四渡赤水""巧渡金沙江"等战役的胜利。但这种迂回作战的游击战术,难免会多走一些弯路。林彪等人因此对毛泽东的领导能力和机动作战方针渐渐表示怀疑和不满,认为这是走"弓背路",会"拖垮部队",并给中央写信,要求朱德、毛泽东下台。为了进一步统一党和红军领导人的思想,中央政治局于1935年5月12日在四川会理的铁厂召开扩大会议。会议对林彪等人做出批评,维护了党和红军的团结,同时决定继续北进,越过大渡河,与红四方面军会师,建立川陕甘边苏区。会议还决定任命对四川地理民情非常熟悉的刘伯承为渡河先遣队司令员,为大部队开路。

大渡河是四川境内的一条峡谷河流,水深流急。河两岸是崇山峻岭,地势十分险要。再加上国民党中央军穷追不舍,对岸敌军已构筑碉堡,军事布防严密,红军想要渡河,困难重重。红军面临的困难,与70年前太平天国领袖石达开的境遇非常相似。蒋介石一道道电令下达给四川军阀刘湘、刘文辉等人,妄图利用天险和军事布防,将红军消灭在大渡河南岸,使其成为"石达开第二"。由于渡河先遣队严格执行党的民族政策,尊重当地少数民族的风俗习惯和信仰,才得以顺利通过凉山彝族聚居区,于5月24日逼近大渡河南岸的安顺场。安顺场原名紫打地,是大渡河中游南岸河床急转的地方,也是当年石达开全军覆没的地方。当晚,先遣队占领安顺场,并夺取了一条当地地主赖执中系在南岸准备逃跑的小船。经过连夜准备,次日清晨,先遣队挑选熊尚林等17名勇士组成"渡河奋勇队",开始强行渡河。17名勇士冒着敌人密集的炮火英勇作战,终于夺取了韩营山下河滩渡口工事,掩护后续部队继续渡河。26日上午,红一团全部过河。但由于水流湍急,无法架桥,仅靠几条小船来回摆渡,导致渡河进展缓慢。小船往返一次需要一个小时,要使几万人的大部队全部顺利过河,最快也得一个月时间。可红军当时最需要的就是时间。国民党追兵已向大渡河奔袭而来,如果部队不能全部越过大渡河,红军势必将被分割在大渡河南北两岸,后果不堪设想。

当日傍晚,毛泽东到达渡口。见情况紧急,在听取大家的意见后,为避免红军陷入腹背受敌、背水一战的困境,他决定夺取距安顺场北面160公里处的泸定桥,由那里渡河。

此时的四川军阀刘文辉犹如热锅上的蚂蚁。安顺场已失,如果再丢掉泸定桥,他根本无法向蒋介石交代。他给守卫泸定城的三十八团下达命令:"全团火速开往泸定桥,拦截红军从桥上过来。"由王开湘、杨成武率领的红一军团二师四团于 27 日晨出发,战士们不顾饥饿、疲劳,一路疾行,和时间赛跑,创下一昼夜行军 120 公里的纪录,只用两天时间便到达泸定桥西岸。泸定桥又称铁索桥,相传是康熙帝为方便汉藏贸易于 1706 年修建的。这里地势险要,桥的两侧是高耸入云的贡嘎山和二郎山,桥下是浪花翻滚、奔腾怒吼的大渡河,桥头石碑上刻着:"泸定桥边万重山,高峰入云千里长。"

泸定桥桥面净跨长 101.67 米,宽 3 米,由 13 根铁链组成,两边各两根作为桥栏,底下九根铺上木板作为桥面,正常情况下人在桥上行走会有摇摇欲坠的感觉。而这时泸定桥的桥板已被敌人全部拆掉,只剩下悬空的铁索,桥下惊涛骇浪、洪流翻滚,再加上桥头与河岸均有防御工事和重兵把守,直叫人不寒而栗。面对诸多不利因素,红军战士临危不惧。当王开湘团长号召大家组织"突击队"时,所有连队的战士都自告奋勇、争先恐后。最后决定由以廖大珠连长为首的 22 名战士组成突击队。

29 日下午,突击队发起夺桥进攻。战士们冒着敌人的枪林弹雨,一手持冲锋枪,一手扶着桥栏,脚踩着摇晃不止的铁索,艰难地向对岸挺进。他们连续攀缘 13 根铁索,成功冲破敌人的密集火网,夺取泸定桥。突击队后面跟着王友才率领的第一梯队,他们一面前进,一面在桥上铺木板,为后续部队过桥做好准备工作。

深夜,刘伯承、聂荣臻到达泸定城。刘伯承在桥上来回踱步,感慨万千:"泸定桥,泸定桥,我们为你花了多少精力,费了多少心血!现在我们胜利了!我们胜利了!"第二天,毛泽东等率大部队来到泸定桥,高度赞扬英勇作战的红军官兵完成了一项光荣伟大的任务,为红军渡过大渡河开辟了道路。

飞夺泸定桥是长征史上的重要战役,为中国革命写下了不朽的光辉篇章,有"十三根铁链劈开通往共和国之路"的美誉。1979年,当年担任渡河先遣队政委的聂荣臻元帅来到大渡河纪念馆,对往事仍记忆犹新,挥毫写下"安顺急抢渡,大渡勇夺桥。两军夹江上,泸定见分晓"的诗句。

前面图中的文物是泸定桥的铁索链,共有6环,长81厘米,现已生锈。它既记载了红军飞夺泸定桥那段战火中的历史,也见证了红军战士为了革命理想不怕牺牲、奋勇前进的勇气和精神。

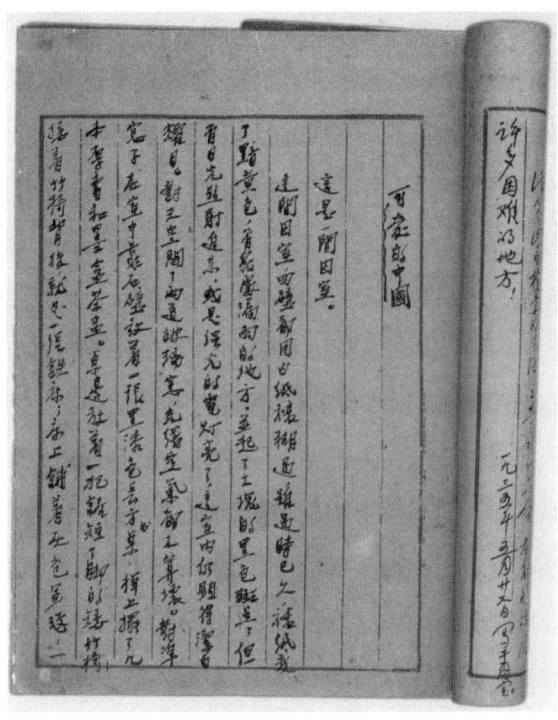

方志敏与《可爱的中国》

上图为方志敏在狱中所写的《可爱的中国》。

1934年7月,为了摆脱中央苏区第五次反"围剿"的困境,宣传中国共产党的抗日主张,调动和牵制国民党军队,中共中央和中革军委命令红七军团改编为"中国工农红军北上抗日先遣队",从江西瑞金出发向闽浙赣地区突进。

11月上旬,根据中央电令,红七军团与红十军合编为红军第十军团。

红七军团改编为第十九师，红十军改编为第二十师，并成立了以方志敏为主席的军政委员会，统一领导红十军团的行动和根据地的斗争。11月下旬，方志敏率领红十军团向浙皖边、皖南进军，攻淳安，趋分水，迫临安，克旌德，一度威逼杭州，震动南京。这是一次深入敌军战略重地的九死一生的行动。一个多月以后，部队不得不重返赣东北。就在回撤途中，在浙赣边的开化、德兴两县交界处，部队被七倍于己的国民党军重重包围。

1935年1月16日，方志敏命令粟裕等率先头部队数百人冲出重围，自己则不顾劝阻，带着身边的十几名警卫人员留下，等待与军团长刘畴西率领的大部队会合。1月29日晨，陷于绝境、饥寒交迫的方志敏，不幸被俘。

2月1日，国民党在上饶公共体育场举行了"上饶各界庆祝生擒方志敏大会"。戴着手铐脚镣的方志敏，在台上昂首挺立，正气浩然。方志敏在狱中文稿里写下了当时的心境："他们背我到台口站着，任众观览。我昂然地站着，睁大眼睛看台下观众。我自问是一个清白的革命家，一世没有做过一点不道德的事，何所愧而不能见人。"

显然，舍生取义，是方志敏当时坚定而且自觉的选择。但是，他并没有选择消极地等待死亡。原因是入狱近一个月，他感觉到可能不会马上被杀。他首先想到的是越狱，即便越狱难成，也要把"十余年斗争的经验，特别是这次失败的血的教训"，用笔写出来贡献给党。于是，方志敏向军法处提出要写自传。军法处以为方志敏写下的东西可能于他们有用，于是立即提供了纸张和笔墨。

从3月到7月，方志敏在狱中的100多天时间里，写下了《我从事革命斗争的略述》《可爱的中国》《死！——共产主义的殉道者的记述》《清贫》《狱中纪实》等16篇文稿，共10万多字。

4月下旬,方志敏从监狱的普通号被转囚到"优待号"。他明白:"军法处以我与刘、王在一处,不便向我劝降,于是将我移到所谓优待室内来住。"从某种意义上说,"优待号"给方志敏继续撰写狱中文稿提供了便利。很快,方志敏写成了《可爱的中国》这一著名篇章。在文中,他以亲身经历概括了中国从五四运动到第二次国内革命战争以来的悲惨历史,愤怒地控诉了帝国主义肆意欺侮中国人民的种种罪行。他满怀爱国主义激情,象征性地把祖国比喻为"生育我们的母亲","她是一个天资玉质的美人,她的身体的每一部分都有令人爱慕之美"。可是,美丽健壮而可爱的母亲,却正受着"无谓屈辱和残暴的蹂躏"。强盗、恶魔残害她,掠夺她,肢解她的身体,吮吸她的血液,汉奸、军阀帮助恶魔杀害自己的母亲。作者高声疾呼:"母亲快要死去了","救救母亲呀"!他指出挽救祖国的"唯一出路"就是进行武装斗争,论证"中国是有自救的力量的",坚信中华民族必能从战斗中获救。他还在篇末展示了中国革命的光明前景,描绘出革命后祖国未来的美好幸福的景象,表现了强烈的民族自信。

这时,方志敏入狱的消息已震动国内外。许多坚持民主正义的人士发出强烈呼吁,要求国民党当局释放方志敏。面对中国社会乃至国际社会的压力,国民党最高当局如坐针毡。他们认定方志敏的信仰不可动摇,但又绝不可"放虎归山",虽然有要方志敏8月31日交出狱中文稿的约定,但他们还是决定提前行刑。

1935年8月6日凌晨,方志敏被反动军警带出监狱。在南昌市下沙窝的一片空地上,方志敏慷慨就义。

1936年1月29日,巴黎《救国时报》社根据莫斯科共产国际东方部传递的方志敏狱中手稿,出版了《民族英雄方志敏》一书。书中收录了方志敏《在狱致全体同志书》《我们临死前的话》两篇文稿和《方志敏传略》,

以及陈绍禹、杨朴、哈马丹撰写的三篇纪念文章,方志敏的英雄事迹由此传遍海外。

1937年1月24日,中共中央机关报《斗争》第122期出了一期"纪念民族英雄方志敏同志专号",发表了邵式平等人的悼念文章。"民族英雄方志敏"这一崇高称谓,是中共中央界定和授予的,这充分显示了方志敏在中国革命史上的重要地位。

1940年,方志敏的一些文稿流落在重庆街头。八路军驻重庆办事处发现后,立即以重金购回。时任八路军参谋长兼八路军驻重庆办事处负责人的叶剑英,看后写下了《看方志敏同志手书有感》一诗:

血染东南半壁红,
忍将奇迹作奇功。
文山去后南朝月,
又照秦淮一叶枫。

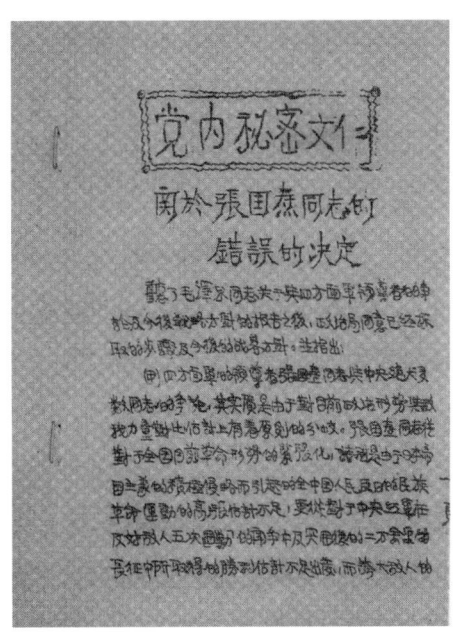

俄界会议

上图为中共中央政治局在俄界扩大会议上通过的《关于张国焘同志的错误的决定》。

为了揭露和批判张国焘的分裂主义,确定下一步的行动方针,中共中央于1935年9月12日在甘肃省迭部县俄界(今高吉)召开了政治局扩大会议。

俄界是迭部县境内的一个小村庄,坐落在白龙江畔。村庄很小,最大的一所房子便是藏族群众的经堂。这次会议就是在经堂里召开的。出席会议的有张闻天、博古、毛泽东、王稼祥、凯丰、刘少奇、邓发、叶剑英、林伯渠、李维汉、杨尚昆等 21 人。

会议开始，毛泽东作了《关于与红四方面军领导者的争论及今后战略方针》的报告。他指出："我们现在背靠一个可靠的地区是对的，但不应靠前面没有出路、后面没有战略退路、没有粮食、没有群众的地方。所以，我们应到甘肃才对，张国焘抵抗中央决议是不对的。"会议同意毛泽东的意见，指出张国焘反对中央北上的战略方针，坚持向川康藏边境退却方针的错误。中央号召红四方面军的同志团结在中央周围，同张国焘的错误倾向作坚决的斗争。

会议决定，将红一、红三军团和军委纵队缩编为中国工农红军陕甘支队，由彭德怀任司令员，林彪任副司令员，毛泽东兼政治委员，王稼祥任政治部主任，杨尚昆任政治部副主任；由毛泽东、周恩来、彭德怀、林彪、王稼祥组成五人团，负责军事领导；由李德、叶剑英、邓发、蔡树藩、李维汉组成编制委员会，主持部队整编工作。

根据毛泽东所作的报告和结论的精神，会议正式做出《关于张国焘同志的错误的决定》。这是中共中央批判张国焘的错误的第一个正式决定，对张国焘的错误性质定了基调，主要有以下三个方面的内容：

第一，批判了张国焘的右倾逃跑主义错误。指出：红四方面军的领导者张国焘与中央的争论，其实质是由于对目前政治形势与敌我力量对比估计上有着原则的分歧。张国焘从对于全国目前革命形势的紧张化，特别是由于日本帝国主义的积极侵略而引起的全中国人民反日的民族革命运动的高涨估计不足，更从对于中央红军在反对敌人五次"围剿"的斗争中及突围后的二万余里的长征中所取得的胜利估计不足出发，而夸大敌人的力量，首先是蒋介石的力量，轻视自己的力量，特别是红一方面军的战斗力,以致丧失了在抗日前线的中国西北部创造新苏区的信心,主张以向中国西南部的边陲地区(川康藏边)退却的方针,代替向中国西北部前进,建立模范的抗日的苏维埃根据地的布尔什维克的方针。

第二,批判了张国焘的军阀主义的错误倾向。这种倾向表现在:张国焘不相信共产党领导是使红军成为不可战胜的铁的红军的主要条件,因此他不注意去加强红军中党的政治工作,不去确立红军中的政治委员制度,以保障党在红军中的绝对领导。相反,他以非共产党的无原则的办法去团结干部。他在红军中保存着军阀军队中的打骂制度,以打骂的方式去凌驾地方党的政权与群众的组织,并造成红军与群众间的恶劣关系。

第三,揭露了张国焘的反党反中央的行为。张国焘对于党的中央,采取了绝对不可容许的态度。他对于中央的耐心的说服、解释、劝告与诱导,不但表示完全的拒绝,而且自己组织反党的小团体同中央进行公开的斗争,否定党的民主集中制的基本组织原则,漠视党的一切纪律,在群众面前任意破坏中央的威信。

这个决定指出:张国焘与中央争论的实质是对目前政治形势与敌我力量对比估计上有着原则的分歧。张国焘夸大敌人的力量,轻视自己的力量,以致丧失了在抗日前线的中国西北部创造新苏区的信心,主张向川康藏边界地区退却。这个决定揭露了张国焘分裂党、分裂红军的严重错误。

中央政治局俄界会议是反对张国焘分裂主义斗争中的一次重要会议,会议系统地揭发批评了张国焘的错误和罪行,及时调整了战略行动方针,对于保证长征的全部胜利和最后战胜张国焘的分裂主义,起了重要作用。对此,彭德怀评价说,毛主席在同张国焘的斗争中,表现出了高度的原则性和灵活性。"一、四方面军分裂后,一、三军团到俄界会合,当晚中央召集了会议。有人主张开除张国焘的党籍，毛主席不同意。说这不是他个人问题，应看到四方面军广大指战员。你开除他的党籍，他还是统率几万军队，还蒙蔽着几万军队，以后就不好见面了。在张国焘成立伪中央时，又有人要开除他的党籍，毛主席也不同意。如果当时开除了张国焘的党籍，以后争取四方面军过草地，就会困难得多。就不会有以后二、四方面军在甘孜的会合，更不会有一、二、四方面军在陕北的大会合了。上述做法是在党内路线斗争中原则性和灵活性相结合的典范。"

俄界会议后，中共中央率领陕甘支队迅速北上了。根据俄界会议的精神，党中央对于张国焘的错误，仍然坚持党内斗争的方针。在严肃指出他的错误的同时，希望他悬崖勒马，幡然悔悟。为此，1935年9月14日，中共中央在北上途中再次致电张国焘、徐向前、陈昌浩，指出：

（一）一、四方面军目前行动不一致，而发生分离行动的危险的原因，是由于总政委拒绝执行中央的战略方针，违抗中央的屡次调令与电令。总政委对自己行为所产生的一切恶果，应该负绝对的责任。只有总政委放弃自己的错误立场，坚决执行中央的路线时，才说得上内部团结与一致。一切外交的辞句，决不能掩饰这一真理，更欺骗不了全党与共产国际。

（二）中央率领一、三军北上，只是为了实现自己的战略方针，并企图以自己的艰苦斗争，为左路军及右路军之四军、三十军开辟道路，以便利于他们的北上。一、三军的首长与全体指战员不顾一切困难，坚决担负起实现中央的战略方针的先锋队的严重任务，是中国工农红军的模范。

（三）张总政委不得中央的同意，私自把部队向对于红军极端危险的方向（阿坝及大小金川）调走，是逃跑主义最实际的表现，是使红军陷于日益削弱，而没有战略出路的罪恶行动。

(四)中央为了中国苏维埃革命的利益,再一次要求张总政委立即取消南下的决心及命令,服从中央电令,具体部署左路军与四军、三十军之继续北进。

(五)此电必须转达朱、刘。立复。

但是,张国焘再一次拒绝了中央的劝告和挽救,继续顽固地坚持其南下的错误主张,率左路军和右路军的红四、红三十军南下了。

直罗镇战役

上图为红军在直罗镇战役中缴获的手枪。

1935年10月末,国民党"西北剿总"重新调整部署,调集东北军5个师,企图先沿葫芦河构成东西封锁线,并打通洛川、鄜县(今富县)与延安之间的联系,沿洛河构成南北封锁线,再采取"东西对进、南进北堵"的方针,围歼红军于洛河以西、葫芦河以北地区,摧毁陕甘革命根据地。

根据陕北第三次反"围剿"的形势和当时的敌情,毛泽东决定在直罗镇一带打一次歼灭战,集中兵力,各个歼敌。尔后向洛川、中部、宜君、宜川、韩城及关中、陇东一带发展,扩展根据地。

为保证这一战役的胜利,中革军委决定以红十五军团第八十一师第二四一团围困甘泉,以第二四三团在羊泉塬地区配合地方游击队钳制鄜县、洛川、中部的国民党军,阻其西援。

直罗镇,坐落在陕西省富县境内葫芦河中段南岸,是一个不过百户人家的小镇。三面环山,一条从西而来的大道,像一条白色的带子铺向镇子中央,穿镇而过。在镇子东头,有座古老的小寨,里面的房屋虽然倒塌,但是石头砌的墙却大部完好。镇的北面,是一条流速缓慢而平静的小河。这里是一个理想的歼敌地点,如果敌人进入直罗镇,就如同钻进了口袋。

11月初,中共中央在甘泉下寺湾召开了团以上干部会,进行战役部署。毛泽东在讲话中分析了敌情,讲解了部署,下达了作战任务。他援引《水浒传》中林冲在柴进家中打洪教头的故事,形象地说:"林冲对洪教头,不是先冲过去,而是先后退两步,就是为了避其锋芒,攥紧拳头。发现弱点后,一下子击中对方的要害。直罗镇战役的部署,正是这个道理。我们利用有利于我们的地形,集中优势兵力,打击和消灭敌人的主力。"生动的比喻,严密的部署,使大家充满了胜利的信心。

为了谨慎起见,在战役发起前,毛泽东、彭德怀又组织团以上干部到直罗镇西南的小山上仔细观察地形,进一步研究了部署。

10月28日,敌西路第五十七军开始东进,于11月1日占领太白镇。19日,敌五十七军先头部队第一○九师进至黑水寺一带。机会出现了,红军派出小分队到黑水寺方向去"惹牛""牵牛",以连续不断的零星战斗,牵着敌人的鼻子走。敌第一○九师师长牛元峰很骄狂,在飞机的掩护下,于20日下午4时许率部进入了直罗镇。当晚,毛泽东命令红一军团从北向南,红十五军团从南向北,急行军前进,于次日拂晓前包围直罗镇。

21日1时,红军分别由待机位置向敌实施战术展开。拂晓时分,直罗镇枪声大作,红军以突然猛烈的行动,向敌发起了进攻。第一军团以刘亚楼的第二师、陈光的第四师(欠第十团)从正北、西北方向,向直罗镇北山进攻;第四师第十团则迅速插向安家川以东老人山高地,切断敌第一○九师的退路;以第一师第一团为方面军预备队,第十三团控制直罗镇东北的阵地,并协同第十五军团一部兵力堵住敌人向东的去路;第十五军团以第七十五师（欠一个团）和七十八师一个团自西南、正南、东南三个方向，向直罗镇南山及镇东南的土寨进攻，并堵住了敌人东逃的去路。

战斗打响后，毛泽东、周恩来、彭德怀都亲临第一线指挥作战。红军将士充分发挥了勇猛顽强的战斗作风，很快突破了敌人的阵地。当时针指向10点时，第一军团将防守直罗镇北山的敌第六二六团大部歼灭，并击溃了由直罗镇向北山增援的第六二五团的两个营，残敌约一个营退守直罗镇东北侧的小高地进行顽抗。与此同时，第十五军团亦将防守直罗镇南山的敌第六二七团大部歼灭，并在第一军团的协助下乘势插入直罗镇内。

敌师长牛元峰犹如一头困兽，率残部拼死向北突围，均被我军击退，他的师直属队也在突围中被歼灭。最后，牛元峰身边只剩下参谋处长沈叔明和一个随从副官。沈叔明回忆："追踪的红军越来越近，甚至人数和面孔都看得清清楚楚。红军不开枪，只是高喊'缴械，缴械'。牛元峰突然站住从腰上把勃朗宁手枪拿出来交给副官说：'你把我打死。'副官接住手枪后朝牛元峰右后脑打进一颗子弹，从前面打出，面颊炸碎而死。"

在直罗镇战役中，红军全歼敌第一〇九师及第一〇六师一个团，共计毙敌师长牛元峰、团长石世安以下1000余人，俘虏敌人5300多人，缴获步枪3500多支、轻机枪170余挺、迫击炮8门、子弹22万多发，彻底粉碎了敌人对陕甘苏区的第三次"围剿"，巩固和扩大了陕北苏区。这只手枪就是红军战士在直罗镇战斗中缴获的。

直罗镇战役结束后，毛泽东于11月30日在红一方面军营以上干部会上作了《直罗镇战役同目前的形势与任务》的报告，指出直罗镇战役胜利的原因："一、两个军团的会合与团结（这是基本的）；二、战略与战役枢纽的抓住（葫芦河与直罗镇）；三、战斗准备的充分；四、群众与我们一致。"

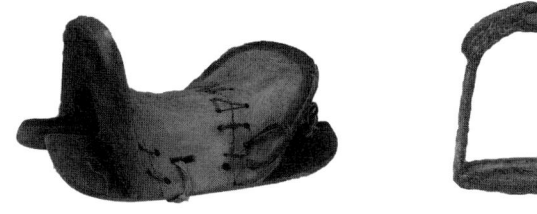

陕北出了个刘志丹

上图为刘志丹用过的马鞍和马镫。

在1935年9月到达哈达铺之前,党中央并不知道西北有苏区和红军,因为1933年7月中共陕西省委曾经遭到严重破坏,在此后约两年的时间内,陕甘苏区党组织与党中央失去联系。刘志丹、谢子长等同志完全依靠着对革命的坚定信念,领导苏区军民进行独立的斗争。

在西北革命根据地的创建、发展、壮大及巩固的过程中,刘志丹做出了不可磨灭的历史贡献。1932年12月红二十六军正式成立,1934年红二十七军成立,并先后开辟了以照金为中心的根据地和神府根据地、陕北根据地。1935年5月1日,红二十六军和陕北苏区的红二十七军会师,成立统一的前敌总指挥部,由刘志丹任总指挥。这时,蒋介石在"围剿"中央红军的同时,加紧了对陕北和陕甘边苏区的第二次"围剿"。当时,西北红军只有4000多人,游击队也不过3000人。面对强大的敌人,刘志丹胸有成竹,打了10多个漂亮仗,解放了安定、延长、延川、安塞、靖边、保安6

座县城，粉碎了敌人的第二次大规模"围剿"，使陕北、陕甘边两块苏区连成一片，游击区扩大到 30 多个县的农村，红军主力扩大到 5000 人，游击队扩大到 4000 人。

1935 年 7 月，蒋介石纠集北方五省军阀部队和张学良的东北军主力，还有国民党的中央军，共 10 万余人，再次大规模"围剿"西北红军。

1935 年 9 月初，徐海东、程子华率领红二十五军从鄂豫皖苏区艰苦转战来到陕甘苏区，刘志丹派习仲勋、刘景范前往保安迎接。9 月 17 日，在中共中央驻北方代表的主持下，中共西北工委和中共鄂豫陕省委举行联席会议，决定撤销原西北工委和鄂豫陕省委，组建中共陕甘晋省委，由朱理治任书记，郭洪涛任副书记。会议还决定：红二十五军与陕甘苏区的红二十六、红二十七军合编为红十五军团，徐海东任军团长，程子华任政治委员，刘志丹任副军团长兼参谋长，高岗任政治部主任，郭述申任副主任。全军团下辖第七十五师、第七十八师和第八十一师，共 7000 余人。

1935 年 9 月中旬以后，中共中央率陕甘支队到达甘肃岷县以南的哈达铺。在这里，聂荣臻得到一张 7 月份的国民党报纸，上有消息称："陕北刘志丹部占领六座县城，拥有正规军五万多人。"聂荣臻立即将报纸送给叶剑英。叶剑英把报纸拿给彭德怀。彭德怀看完后，又带着报纸找到毛主席。

由于长征落脚点的选择事关重大，毛泽东找来贾拓夫当面询问陕北详情。贾拓夫来自陕北革命根据地，曾担任中共陕西省委秘书长。他将 1933 年 7 月陕西省委被破坏以前陕甘游击队、红二十六军的活动及陕西革命斗争等情况做了详细汇报，并建议中央到陕北立足。毛泽东听后兴奋地说"别说陕北有几万红军，能有一万就好了"，并向身边的谢觉哉说："看来刘志丹在陕北至少开辟了一块根据地，到了陕北再说吧。"在随后召开的团以上干部会议上,毛泽东明确指出:"首先要到陕北去,那里有刘志丹的红军。"

1935年9月27日,中央政治局常委在榜罗镇开会。会议改变俄界会议关于接近苏联建立根据地的决定,正式决定把中共中央和陕甘支队的落脚点放在陕北,历时一年的红军长征终于有了确切的目的地。在此之前,红军长征的战略目的地曾经过几次大的抉择和变更。特别是党中央同张国焘分道扬镳,率红一、红三军团单独北上后,一个紧迫的问题摆在了决策者的面前:张国焘南下是逃跑,我们北上是为了抗日,那么到哪里去实现北上抗日的战略方针呢?陕北红军的消息,使苦苦探索长征去向的中央领导人眼前豁然开朗。榜罗镇会议在俄界会议所确立的向甘东北和陕北前进方针的基础上,决定将中央红军长征的落脚点放在陕北。

从某种意义上说,把陕甘根据地作为红军长征的落脚点,是红军长征走向最后胜利的一个关键转折点,使中共中央和红军主力转移到了抗日战争的前沿阵地,获得了战略转移的立足点和开创新局面的出发点。

11月7日,中共中央机关到达陕甘根据地的中心瓦窑堡。

几乎与此同时,"左"倾教条主义的执行者于1935年九、十月间,在陕甘根据地实行错误的肃反运动,逮捕刘志丹等领导干部,造成陕甘根据地的严重危机。中共中央到达陕甘根据地后,立即把被捕的刘志丹、高岗等人释放出来,及时纠正了这个严重错误,从而使陕甘根据地转危为安。

11月11日,平反昭雪大会在中央党校所在地的礼堂召开,张闻天、博古、刘少奇等领导人出席。会上宣读了《西北中央局审查肃反工作的决定》,由王首道代表五人委员会宣布刘志丹等同志是无罪的,中共中央决定一律平反,立即释放,并且分配工作。刘志丹被任命为西北革命军事委员会后方办事处副主任(周恩来兼任主任)、红军北路军总指挥、瓦窑堡警备司令、红二十八军军长。

1936年2月，刘志丹奉命率军东征，横渡黄河进入山西。在汾河流域遭到蒋介石和阎锡山部队的阻击，刘志丹在战斗中牺牲，年仅32岁。为了纪念刘志丹对革命事业的杰出贡献，1936年，中共中央应广大群众要求，将保安县改为志丹县。1941年，中共中央指示陕甘宁边区政府在志丹县兴建陵园。1942年，刘志丹牺牲六周年时，毛泽东亲笔题词："我到陕北只和刘志丹同志见过一面，就知道他是一个很好的共产党员。他的英勇牺牲，出于意外，但他的忠心耿耿为党为国的精神永远留在党与人民中间，不会磨灭的。"

作为西北共产党人的杰出代表，刘志丹被毛泽东评价为"群众领袖、民族英雄"。在他短暂而光辉的革命生涯中，始终高扬着一个真正共产党人的崇高精神。

童小鹏在长征途中写的日记(1934年)　　童小鹏在长征途中写的日记(1935年6—12月、1936年1—4月)

童小鹏的长征日记

上图为童小鹏在长征途中写的两本日记。

长征途中,很多不同部队、不同岗位的红军指战员,以不同的视角和感受写下了长征日记。包括当时的党中央总负责人张闻天,以及党和红军各级干部董必武、林伯渠、谢觉哉、关向应、张子意、陈伯钧、陆定一、赖传珠、肖华、萧锋、李伯钊、伍云甫、童小鹏、吴德峰、王恩茂、左齐、韦国清等人都写下了厚厚的日记。这些日记并不是一般的日记,它们是红军官兵在炮火连天的战斗中,在风餐露宿的行军中,用理想和信念对万里长征那段艰苦岁月历程的真实记录。

　　长征日记的风格、详略都不一样。有的日记比较简单,如韦国清只是记下了起居行止的路程,吴德峰则画好表格往上面填写;有的日记因作者的职务、工作环境等原因,写的较为详细,如陈伯钧、萧锋等。长征日记的内容非常广泛,既有部队的军事活动和政治活动,也有个人的生活活动和思想活动,大至红军斩关夺隘、内部政治纷争,小到战士们的生活琐事、沿途见闻和心理感受等,都有记录。

　　上页图中的两本长征日记是童小鹏写的,时间分别为 1934 年和 1935 年 6 月—1936 年 4 月。童小鹏(1914—2007),福建长汀人,1930 年加入中国共产党,历任红军军委办公厅、政治部秘书,红军第一军团政治部、保卫局秘书,1936 年 5 月到瓦窑堡红军大学学习。从 1932 年元旦起,童小鹏就坚持写"军中日记"。不管时间如何紧张、条件多么艰苦,他都会或详或略地记下这一天的行程、工作、见闻和感受,一直到 1936 年西安事变后才停止。童小鹏把写日记当作一种生活习惯,坚持近五年之久。他在 1934 年日记的前言中是这么写的:"红军是苏维埃的捍卫者,是与一切敌人斗争最前线的战士。的确在她执行任务——消灭一切敌人,捍卫苏维埃的过程中,可以看到光荣伟大的胜利、牺牲奋斗的决心、艰苦耐劳的精神与亲爱团结的乐融。这一切,如果能丝毫不遗地记载上去,不仅是一本最有价值的战斗史,而且是一幅生动活泼的美丽画。"

　　童小鹏的长征日记有的地方记载较为简单,如果这一天没有什么特别的事情发生,他会用部队到达某地,或原地休息来描述。如 1934 年 9 月 5 日至 8 日的日记都为同样的"在原地休息"五个字,11 月 5 日只记载了"到新田",11 月 6 日为"到麻坑"。但日记的大部分记载得较为详细,内容也颇为丰富。

据统计,"中央红军长征路上一共 368 天,有 15 天用于打大的决战,有 235 天用于白天行军,有 18 天用于夜晚行军;整个长征途中,只休息了 44 天,平均每走 182 公里才休整一次,日均行军 37 公里"。由于部队长期处于行军当中,因此童小鹏的日记关于行军路程、地点等方面的记载较为常见。如 1935 年 5 月 1 日的日记中写道:"为争取更有利于革命发展的地区——四川,取得与四方面军的会合,中央已决定渡过长江的本源——金沙江。今天起向江边龙街前进,拟在该地渡过,至五号赶到该地附近,每天行程约七十里。"

长征途中所经之地多为崇山峻岭、怒涛大川,几乎处处是天险,行军极其艰难,关于这些童小鹏也有详细生动的描述。童小鹏在 1935 年 5 月 17 日的日记中是这样描述铁索桥的:"到德昌(六十里)。此地系分县。距城数里之安宁河上架有一铁索桥,系全用铁条连接而成,上架木板过人。适当日起暴风(为从来未有,迎风而走,简直不能开眼、呼吸),桥上人马拥挤,吹得左右摇荡,沙沙作响,人在其上有欲倒之势。"6 月,中央红军开始翻越第一座雪山——夹金山。很多同志都是有生以来第一次见到雪山,既惊奇又惶恐。童不鹏在 6 月 14 日的日记中写道:"前几天就听说,前面有经常积雪的夹金山,连日来都想一睹为快,好迅速超逾这难关。出发后 40 里就开始上了,由山脚至顶 30 里,但路陡处只十数里,可是因为地势特高、空气稀薄,又加之这几天来吃苞谷营养不足,故将及顶时,个个都手疲脚软、气喘头晕,每行几十步又要稍休息后始能继进。山上风大很冷,几乎欲发抖,故树木不殖(植),仅一些矮草生起也表出萎靡之概。至极顶见北面一片白,乃是去冬积雪,以手持木棍透入,直至将木棍完全淹入才抵地面,大约有 3 尺余深,于是即过'雪中行军'之境矣。此路前面曾有部队经过,因冷甚,故疾病掉队冻死者十余人,这确实是有生以来未有之境遇也,同志均为之惊奇。"8月,中央红军开始进入若尔盖水草地。童小鹏在8月24日的日记中写道:"开始进入草地了。渐渐地不见了森林,地面也渐渐开阔了,两边虽然是山,但比较低了,且满山是青草,而不是旁的东西。路上尽长的青草,若不是向导领路的话,的确连方向都找不到。最讨厌的是,天仍连绵下雨,路上尽是水和泥,更使两腿难走。"

在民族地区的见闻和红军的民族政策,童小鹏也有记述。中央红军在抢渡大渡河前,曾经过彝族聚居区。童小鹏在1935年5月24日的日记中写道:"今天所经与宿营地点均是彝民地域……住屋矮而小,有用木板盖的,有用篾篷盖的。用具极简陋,无台无凳,均席地而坐食……食物仅荞麦、马铃薯、苞谷而已。"到达回族聚居区时,中央红军进行了深入细致的民族教育工作,让大家了解、尊重回族同胞的生活习俗。童小鹏在1935年10月5日的日记中写道:"此地已是回民区域,这些回民的确很好,沿途均大大小小、老老少少拥挤着来看……入宿营地时,更受到他们亲热的欢迎,帮烧水、购物,这种受群众热情欢迎是出藏人区以来的第一次!据说前二十五军曾经此,纪律很好,故这次我们来时,他们都相信'红军是保护他们的'。唯回民有一种最忌恶的事情,就是吃猪肉和谈猪(他们说'大荤'),但这些事情在部队中均先有准备和教育,故没有一个人侵犯了他们的这种'神圣'。"

童小鹏还在日记中写下一些长征总结和感受,以激励自己坚定革命必胜的信念。1935年6月30日,当部队来到一个叫马塘的地方时,童小鹏对长征进行了总结:"是月休息六天,行程一千三百四十五里。反攻的战斗,除去年历两月半外,在今年又是整整的半年了。在这半年中,曾经历许许多多的辛苦与快乐、艰难和舒畅。遵义、桐梓占领了,王家烈、薛岳被击垮了,敌人的新围攻突破了,天险的金沙江、大渡河渡过了,胜利地与四方面军会合了,陡峭的、险阻的金沙江边走过了,深密老林的大相山露营了,粮缺道僻的彝地通过了,六月积雪的夹金山爬过了,玉蜀黍、萝葡菜也咽过了。总之,这半年是很艰苦与快乐的交错时期,从艰苦中取得了胜利,得到快乐、舒畅,为得胜利而吃苦尝辛。如果没有六个月八千五百余里的长征,没有吃喝从来未有的艰难,也就不会得到胜利,这是自然得出的铁证。革命是长期的斗争,是流血的过程。胜利是艰苦的结果、困难的总结。更大的胜利要我们去争取,更多的困难自然会在面前涌现,这就需要了解上述的铁证。用这半年吃苦的精神,来将它战胜,争取完全胜利的伟大光明!"1935年10月19日,中央红军到达陕北吴起镇,胜利结束了长征。童小鹏心潮澎湃,在日记中写下了这样的感受:"回忆去年的今日,正是出中央苏区的一天,到今年的今日恰恰是一周年了。在这一年当中,走遍了中国西南西北的闽、赣、粤、湘、桂、黔、滇、川、康、陇、陕等十一省,饱尝了各种天险途径与艰苦生活,获得了许多胜利,走过了二万五千里的途程,而在周年时进入陕甘苏区的边壤,这应该算是一件顶光荣而且是突破世界纪录空前伟大的事业!敬祝陕甘苏区获得更大胜利与迅速地巩固发展!"

难能可贵的是,童小鹏在日记中经常自我反省、自我批评,"将同志们对我的批评指示,与自己发觉的不应该这样做的事,郑重地写出,以作工作中的明鉴"。如1935年11月9日的日记中写着:"昨晚因熟睡未曾通知各部出发时间,遭痛斥。"1936年1月23日,童小鹏又在日记中批评自己:"昨晚因酣睡又误事,遭了一顿痛责,真活该!不知睡欲为何如此深耶!"

在长期行军作战的环境下,许多长征重要的史料未能很好地保存下来,而和平时期关于长征的一些回忆,又因为年代久远,难免模糊零乱,未尽其详。长征日记则正好可以弥补这一缺憾。它是当事人当时对所经历史的记载和感悟，落笔真实。通过长征日记的所见所闻、所感所想，我们可以近距离地触摸那段沧桑的历史——长征是这样走过来的。

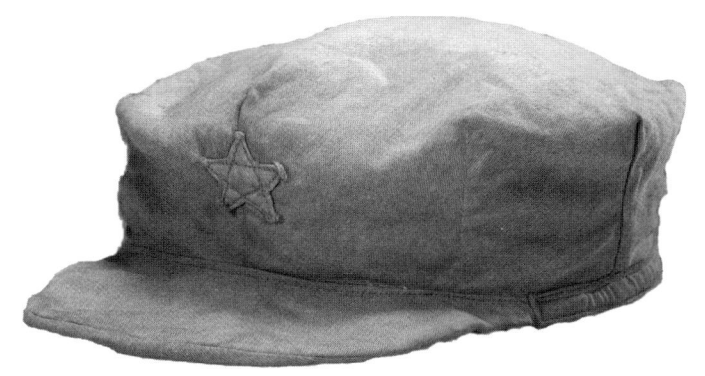

毛泽东与斯诺

上图为毛泽东戴过的红军八角帽。

20世纪30年代中期,发生在中国大地上的二万五千里长征,使中国共产党和红军完成了一项"几乎不可能完成的任务"。正如美国著名新闻记者斯诺在《西行漫记》一书中所说:"不论你对红军有什么看法,对他们的政治立场有什么看法,但是不能不承认,他们的长征是军事史上伟大的业绩之一。"

埃德加·斯诺(1905—1972),美国著名记者,中国共产党和中国人民的好朋友。他于1928年来华,曾任欧美几家报社驻华记者。1933年4月至1935年6月,斯诺兼任北平燕京大学新闻系讲师。1936年上半年,国民党封锁了中国共产党和红军胜利到达陕北的消息,并制造了各种谣言。在宋庆龄的安排下,斯诺为了报道中国共产党和红军的真实情况,于1936年6月从北平出发,冒险冲破国民党军队的重重封锁,进入中国工农红军陕北革命根据地。

斯诺想通过采访解决自己当时无法理解的关于中国革命与战争、中国共产党与红军等问题。到达根据地后,他受到根据地军民的热烈欢迎,红军还赠送给他一套灰色军装和一顶八角帽。斯诺穿着这套红军军装进行了四个月的采访活动,于1937年撰写出近代新闻报道杰作——《西行漫记》。这是一部实事求是地报道中国共产党和中国革命战争的著作。在采访红军的活动中,斯诺拍摄了30卷胶片。他选择了其中的多幅照片给《西行漫记》作插图,其中就有右图这幅传世之作——《毛泽东在陕北》。在这幅照片上,毛泽东头戴红星八角帽,目光坚定,睿智俊秀。

在这幅照片的背后,还有一段鲜为人知的故事。当时,斯诺与同他一道来的美国医生马海德来到中共中央所在地——陕西保安(今志丹县),采访毛泽东。一天,斯诺看到毛泽东神采奕奕地站在窑洞前,就想为他拍一张照片。当时毛泽东穿着很随意,没有戴帽子。斯诺为了感觉正式些,就请求毛泽东戴上军帽。毛泽东说:"我的军帽多日不戴,不知放到哪里去了。"据与斯诺一同走进陕北根据地的美国医生马海德回忆:当时毛泽东的头发很长,可他又不肯戴帽子。斯诺坚决要求他戴上一顶帽子,他说没有。斯诺就把自己的帽子摘下来,戴到毛泽东头上,瞬间按下快门,拍摄出这张精彩的照片。拍完照片后,斯诺把那顶红星八角帽珍藏起来,留作纪念。

斯诺离开陕北返回北平后,立即写出一系列报道苏区和红军情况的文章,送给英美各国报纸发表。这些报道又迅速用电讯传回中国,并在远东的许多报纸上刊登出来。斯诺把他同毛泽东的长篇谈话全文连同苏区情况综述交给《密勒氏评论报》发表,并配发了毛泽东全副红军戎装的大幅照片,立刻轰动了世界。

1937年5月,斯诺的夫人海伦访问延安时,把这张照片拿给毛泽东看。毛泽东端详着照片,面带笑容地说:"没想到,我看起来还挺精神咧!"海伦说:"你的这张照片拍得真好!我丈夫说,这是他的得意之作。它在报刊上一发表,就吓坏了蒋介石,轰动了全世界。"毛泽东接着说:"哦,没想到我的照片会有这么大的威力。斯诺先生让世人看到我们共产党人和红军并不是红毛绿眼睛、杀人放火的'土匪',我们非常感谢他!"

离开中国以后的几十年里,斯诺一直珍藏着他为毛泽东拍摄的这张全副戎装照片和红军送给他的那顶八角红军帽。第二次世界大战结束以后,因为始终同情、支持中国革命,斯诺开始受到麦卡锡主义的迫害。1959年,斯诺不得不举家离开美国,迁居瑞士。为了保护这顶军帽,他特制了一个精致的帽盒。这个帽盒32厘米见方、10厘米高,是用贵重的红木制成的。盒内衬着紫红色的丝绒,有一个钢质的帽托,使这顶红军帽能够长期保持挺括的状态。帽盒的盖子分为两层,抽掉外面一层木盖后,里面还有一层玻璃砖制成的内盖,保护着帽子,隔着这层内盖可以清楚地看到这顶珍贵的红军帽。在这个精心设计的帽盒里,倾注了斯诺对毛主席和中国人民难以言表的真挚感情。

1972年,斯诺逝世后,帽子由他的夫人洛伊斯·惠勒·斯诺继续珍藏。在长征胜利40周年前夕,斯诺夫人为了表达对中国人民的友谊,决定将这顶帽子回赠给中国人民。1975年10月4日,她来到中国后,把这顶八角帽交给了斯诺生前的好友邓颖超。邓颖超又将它转交给国家文物局。同年,这顶帽子由国家文物局移交给中国革命博物馆,并首次陈列于"纪念中国工农红军长征胜利40周年展览"。这顶红军灰色八角帽正面缀有一颗红色五角星,帽口周长57厘米,布料已褪色,但它见证了那段艰苦的岁月以及斯诺与毛泽东的深情厚谊。

史沫特莱采访朱德

上图是一份美国女作家艾格妮丝·史沫特莱采访朱德时的手稿，主要内容是关于雪山作战。

史沫特莱出生于美国密苏里州的一个工人家庭，在贫苦的矿区长大。她把自己的青春和毕生精力都献给了穷苦人民的解放事业。她参加过美国的社会主义运动，支持并参与过印度的独立斗争。然而，在她短暂的一生中，最有意义的岁月却是在中国度过的。

1928年底，史沫特莱来华，在中国一待就是12年。抗战时期，她目睹日本对中国的侵略，向世界发出了正义的声音。

1937年1月，史沫特莱带着自己采访朱德的计划，来到了革命圣地延安。在史沫特莱最初的想象里，她将见到的朱德将军，一定是个"坚强英勇、脾气暴躁的人物，其滔滔不绝的论断，几乎可以使森林燃烧的钢铁般的革命者"。但是,第一次见面时她却吃惊不小。她后来在文字中这样写道:这位身穿蓝灰色棉制服的红军总司令,"不会使人获得任何英勇、暴躁的感觉。圆头,剪得短短的黑发间杂着白色,前额很宽,而且略微隆起,颊骨也颇突出。一对有力的上下颚,衬着大嘴,在堆满欢迎的笑容时,露出了洁白的牙齿。鼻子宽短,面色黝黑。看起来完全是一副普通面貌,要不是因为他身穿制服的话,很容易把他当作中国哪个村子里的农民老大爷"。

　　从这一切看去,朱德似乎真如一些对他怀有好感的人的评价:单纯、亲切、平易近人。但联想到他传奇般的经历,史沫特莱对眼前的这位将军,还是以自己对生活的体验认为:单纯,这个字眼也许需要稍加保留才显得真实。因为朱德看他们的眼睛,注意力非常集中,深邃而富有观察力。与许多中国人的黑色眼珠不同,朱德的眼珠有一点淡褐色。大大的一对,闪烁着智慧和判断力。史沫特莱以女性特有的敏感和细腻想象:这样一位有着多年苦痛经历的革命领导者,既然能够生存下来,就不可能非常单纯。

　　史沫特莱以记者的方式,提出了许多朱德个人经历的问题,朱德简洁而真诚地做了回答。他还做了一些纠正,例如,自己出生在一个佃农家庭,而不是一些人传说的富有的地主家庭。但是,当史沫特莱站在局外人立场,轻松地提起报纸上称朱德为"土匪"的说法时,她以为朱德会像自己一样,不置可否或一笑了之。可这位将军不仅没有笑,反而突然默默垂下了头,眼睛望着地面,面孔犹如悲剧人物那样,流露出深沉甚至悲戚的表情。虽然这只是一瞬间,但是朱德回答的音调却高亢起来:"土匪问题是个阶级问题。"

　　从朱德回答问题的过程中,史沫特莱感受到他内心的丰富。当朱德问她打算在延安做些什么事时,史沫特莱立即回答:"我希望你把一生的全部经历讲给我听!"

朱德感到有些突然:"为什么呢?"

"因为你是一个农民。中国人十个有八个是农民。而迄今为止,还没有一个人向全世界谈到自己的经历。如果你把身世都告诉我,也就是中国农民第一次开口了。"

朱德微笑着说:"我的生平只是中国农民和士兵生平的一小部分。你来延安了,就到各处走走,和别人见见面,再做决定吧!"史沫特莱接受了朱德的劝告,她去采访了许多其他红军将领。她觉得红军将领都有许多传奇色彩的事迹,这些都是很好的文学作品的素材。

1937年3月,史沫特莱又来找朱德了,坚持要写他,因为朱德给她留下的印象太深刻了。在史沫特莱的一再要求下,朱德同意谈一谈自己的经历。从此,朱德和史沫特莱就有了"君子协定":朱德每周抽两三个晚上的时间同史沫特莱交谈,史沫特莱一边听一边记。

当然,这项工作并不容易进行。虽然朱德将军有着极为丰富曲折的经历,但是当时中国的多数家庭文化水平十分低下,参加革命后,朱德长期不断迁徙,几乎没有留下任何可供查询的材料。在没有信件、日记、文件参考的情况下,朱德甚至无法对一些重要事件提供较为准确的时间……尽管如此,工作仍在缓慢进行。每个星期,他们便抽出两到三个晚上,进行交谈。一般由史沫特莱提问,朱德回答。有时由着朱德展开思路,尽情发挥;有时遇见朱德谈得不够翔实,或并不太乐意深入下去的话题,史沫特莱也运用自己记者的直接方式和追根溯源的不懈精神,"逼"朱德详细地讲出来或延伸下去……他们当时交谈的场面,也是颇有特色的。

虽然史沫特莱在中国已经待了数年,但是中文并不流畅,因此身边常有一位中文教师兼秘书和翻译。

对于史沫特莱,朱德只是位父亲式的人物。因为朱德本人是在农村的贫困中成长起来的,所以史沫特莱对他的认同常常伴有痛苦的个人背景。当朱德充满深情地讲述自己辛劳一生的母亲时,这种苦难在史沫特莱那里产生了强烈的共鸣,正像她在《伟大的道路》中写到的那样:"朱将军用这种语调叙述当年情景的时候,我的笔时时不由得无法写下去。他便用惊疑的眼光望着我。有些时候,我解释说:'我觉得似乎你讲的就是我的母亲。''世界上的穷人原是一家!'他用粗哑的声音说完后,我们默默地坐了很久。"

延安的生活十分艰苦,但在这里史沫特莱却感到从未有过的欢快。与朱德将军的一次次交谈,让她得到了思想的启迪,领悟到深刻的道理。在这里,史沫特莱并不局限于采访和写作。她还是一个精力充沛的图书管理员,负责扩展延安窑洞图书馆的外文书籍。她努力工作,吸引外国记者到延安来。她甚至为延安引进了一种新的娱乐方式——西方式的交谊舞。延安使她兴奋,延安使她看到了中国革命的希望。

随着日军不断地向华北增兵,山西的形势越来越严峻,八路军的作战越来越频繁。考虑到史沫特莱的安全,朱德和彭德怀等人劝说她离开山西。史沫特莱开始不愿意,执拗地说:"不管你们到哪儿,我也要到哪儿!"在大家的一再劝说下,史沫特莱再也无法控制自己的感情,伤心地哭起来,一边哭一边说:"既然这样,那我只好走了。"

1938年1月的一天早晨,史沫特莱依依不舍地向朱德告别。从此,她再也没有见过朱德。离开延安之后,为解决中国军医缺乏问题,她积极号召外国医务志愿者来中国。著名加拿大医生诺尔曼·白求恩和理察·布朗、印度著名外科医生柯棣华等都因受到她的影响来中国参与支援活动。

1941年5月回到美国后，她继续为中国募集救济战争灾难的捐款，并为朱德作传《伟大的道路：朱德的生平和时代》。这本著作和斯诺的《西行漫记》并列为西方人介绍中共革命的经典著作。

藏族同胞支援红军过甘南

上图为红军"坚"政治部在甘南写的"打倒压迫番回民的汉官军阀!"木板标语和红军"卫"政治部在甘南写的"回番汉民族一律平等"木板标语。

长征开始后,红军将士走过除西藏外的滇、川、甘、青等省藏族聚居区,其路程之长,在长征所有行程中所占的比例是相当大的。在这些辽阔的藏族聚居区中,红军在甘南所面临的不利局面是最为突出的。此时的红军刚刚爬过雪山,走过草地,身体极度虚弱,非战斗性减员时有发生。聂荣臻曾沉痛地回忆起这段经历:"战争是残酷的。我们的许多同志在作战中是那么英勇,没有牺牲,却在缺粮少药、饥饿、寒冷、疾病、高原缺氧的艰苦旅程中痛苦地倒下了。"更为严峻的是,蒋介石得知红军进入甘南后,急电甘肃省主席朱绍良、陇西土匪出身的鲁大昌扼守岷县及腊子口,并令甘肃卓尼土司杨积庆率藏兵与鲁军南北夹击红军。当时的情况是,鲁大昌部虽在腊子口驻有4个营,但装备较差,士兵吸大烟者甚多,战斗力低下,不足为患。而管辖迭部、临潭、玛曲等广大地区的藏族土司杨积庆则颇具实力,手下有藏兵3个团,且此时他已被国民政府任命为"洮岷路保安司令",对红军威胁最大。另外,甘南地区崇山峻岭、峡谷纵横,尤其是腊子口一带,白龙江水流湍急,两岸悬崖峭壁,道路蜿蜒曲折,当地人称"走过腊子口,像过老虎口"。因此,红军要想战胜困难,突破天险腊子口,顺利走出甘南,除了英勇作战外,还需要得到藏族同胞的大力支持,并做好杨土司的统战工作。

1935年9月,红一方面军到达甘南的俄界、迭部。杨土司探知消息后,心情颇为复杂。一方面,他对蒋介石心怀戒备,心想老蒋几十万大军,前堵后追,绕了大半个中国,也没能消灭红军,仅凭自己的几千藏兵无疑是以卵击石,最后不是被鲁大昌吞并,就是被中央收编;另一方面,他又担心红军过境,地盘被占,地位不保。总体来讲,包括杨土司在内的当地藏族群众,对红军是缺乏认识的。他们不知道红军是否和以前的军阀一样,烧杀抢掠,无恶不作,一直心存疑惧。红军通过积极宣传,严格执行各项军纪,再加上对杨土司的说服工作,才最终打消了他们的疑虑,使他们转而热情支援红军。

红军在甘南一些人家的木板壁上写下了大量的标语,宣传党的民族政策,强调汉藏平等。前面图中的两件文物,红军"坚"政治部在甘南写的"打倒压迫番回民的汉官军阀!"木板标语,红军"卫"政治部在甘南写的"回番汉民族一律平等"木板标语,通俗易懂,直接表现出红军是汉藏人民的军队。光说不算,红军还用实际行动证明。有一次在俄界,由于当地藏族群众都已躲进了深山,红军无处觅食,不得以才杀了藏族群众的羊吃,但将羊皮、银圆还有道歉信留在了主人家里。还有一次,红军进驻达拉村时天降大雨,战士们怕惊扰群众,便冒雨露宿在山坡上。在红军政策宣传和实际行动的感召下,许多藏族同胞回到村寨,他们通过修路、提供粮食、当通司(翻译或向导)等方式,热情支援红军。

更为重要的是,杨积庆土司的态度开始倾向红军一边。杨氏虽然从未出过甘肃,但是通过读书看报,对国内时局还是比较了解的。他虽然同情红军,也拥护共产党提出的团结抗日主张,但是由于国民党一再催促出兵的军命难违,加之对红军过境心存顾虑,因此一直举棋不定。经过红军的政策宣传,特别是通过贡觉才让的耐心说服,杨土司才打消顾虑,转而暗中相助红军。贡觉才让是杨土司驻兰州办事处处长,杨氏对其颇为信任。红军到达迭部时,杨土司曾给贡觉才让写信求教。杨氏直言"自知卓尼弹丸之地,兵力不强,弹药不多,恐不是红军对手,而鲁大昌又在岷县虎视眈眈,若和红军打仗,消耗了兵力,定亡于鲁,若不打红军,也怕红军侵占地盘,建立根据地。失去地盘我将无处容身,因之万分为难,进退维谷",希望在省城消息灵通的贡觉才让为他指点迷津。由此可以看出,杨土司最大的顾虑在于地盘。只要能保住地盘,他还是会帮助红军的。在与共产党早有接触,一直主张抗日的邓宝珊中将参议续范亭的指点下,贡觉才让连夜给杨土司写了回信。信中在分析国内外局势,说明红军北上抗日义举的同时,建议他"一面调兵虚张声势,准备出击;一面速派心腹人员,迎接红军,从速接济红军足够粮食与军鞋,支援过境。指路让红军打败鲁大昌,也可以解除卓尼的危难。除此别无良好的办法,千万保密,以防意外"。

杨土司权衡再三，决定听从贡觉才让的建议，采取"守土自保"的方针，暗中相助红军。不管当时谁发来出兵电令，杨土司都置之不理，坚守"中立"，严令土司衙门的藏兵不得出击红军，只是在最后才派心腹干将率部分藏兵，在卓尼与迭部交界的花儿干山装模作样地驻防几天。但只是放了几声空枪而已，压根儿就没遇到红军。此外，杨土司还密令杨景华，抢修被破坏的栈道，任红军顺利通过；不必转移迭部粮仓的粮食，任红军自取食用。抢修栈道、存仓济粮这两件事，通过密令传达，就是要撇清与红军的关系，可正是杨土司的暗中相助帮了红军大忙。据童小鹏在《长征日记》中记载，部队于9月14日到瓦藏庄，随后在向莫牙寺进发时途经石门，"其地势诚为有生以来所见的最险要的地方：两边是悬崖峭壁，中间是奔急的河流，只有一条崎岖的小道沿河边而过，其中过桥二座，如果这两座桥被破坏了的话，真的只有向后转。幸得藏人未曾实行"。至于留给红军的20多万斤崔古仓粮食，对于刚刚经过雪山、草地，身体极度虚弱的红军来说，无疑是雪中送炭，解决了红军严重缺粮的难题，为其攻破天险腊子口准备了物质条件。

当然，红军在甘南也曾遇到几次小股藏族群众的袭击。但这些并不属于军事阻击战斗，只是一些青年藏族同胞出于对武器的好奇与酷爱，自发组织的抢劫行为。总之，在红军政策宣传和实际行动的感召下，广大藏族同胞包括杨积庆土司打消了疑惧，热情支援红军，助其顺利通过甘南。

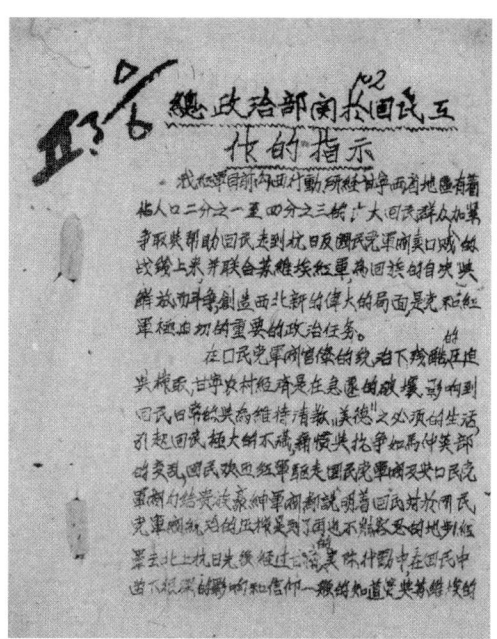

争取西北回族同胞

上图为红军总政治部颁发的《关于回民工作的指示》。

长征时期,红二十五军、中央红军、红二方面军和红四方面军都曾先后经过西北回族聚居区。他们所到之处,积极团结穆斯林上层人士,放手发动回汉群众,宣传党的民族政策和抗日救国主张,同当地人民结下了深厚的友谊。

回族是我国人口较多的少数民族之一,甘肃和宁夏是其主要聚居地区。一方面,由于回汉民族在风俗和信仰方面存在巨大差异,很容易导致民族间的摩擦和纠纷,加之国民党推行反动的民族政策,不承认回族的民族地位,使早在清朝就已形成的民族历史积怨并没有消除,回族群众对汉人存有很深的民族芥蒂,甚至仇恨。另一方面,广大回族群众同其他各族群众一样,同样处于被压迫的阶级地位。由于马鸿逵等军阀实行独裁统治,推行保甲和强行征兵制度,使这里的百姓苦不堪言,民怨沸腾。虽存在着民族矛盾,但又有可团结一致的阶级环境,如何变被动为主动,化不利因素为有利条件,是红军迫切需要解决的问题。

党和红军历来都十分重视少数民族问题,坚持民族平等、民族团结。早在长征出发后不久,红军总政治部便颁发了《关于争取少数民族的指示》,其中特意就回族同胞不吃猪肉这一风俗习惯做了说明。1935年8月,红二十五军政委吴焕先在进入宁夏兴隆镇之前,做了深入细致的准备工作,向部队宣布了"三大禁令、四项注意":禁止驻扎清真寺,禁止在回民家吃大荤,禁止打回民中的土豪;注意尊重回民的风俗习惯,注意使用回民水桶在井里打水,注意回避回族青年妇女,注意实行公买公卖。除了"回汉人民一家""打倒贪官污吏"的积极宣传,红军更用实际的爱民行动严格执行党的民族政策。红军不拉夫抓丁,不强买强卖,不毁坏清真寺的宗教器具,一有空闲就主动帮助回族同胞锄草割麦、打井蓄水。就这样,红军逐渐打消了回族人民的恐惧和顾虑,得到了当地穆斯林的热情拥护和支持。8月16日这一天,兴隆镇热闹非凡,吴焕先等红二十五军领导与当地清真寺举行互拜活动。吴焕先向清真寺主教赠送写有"德高望重"的匾额,主教回赠红军绣着"劳苦功高"四个大字的锦旗。

中央红军到达这些地区时,由于严格执行"尊重回族人民风俗习惯"的各项纪律,加之红二十五军已在该地留下了良好印象,同样受到当地回族群众的热烈欢迎。他们为红军准备食品、提供住处、运送粮秣,甚至充当向导、刺探敌情,视红军如亲人。有首当地民谣至今仍在传唱:"三年没吃过麦面馍,娃他外婆给了一个。全家老小掰半边,大半边留给红军哥。"

1936年5月,为保卫西北,巩固和扩大陕甘抗日根据地,向南迎接红二、红四方面军北上,实现红军三大主力会师,中革军委下达《西征战役计划》,进行西征。红军西征时,由于所经之地多为回族聚居区,马鸿逵一面积极布防,一面挑拨回汉关系,诬蔑共产党"共产共妻""灭回灭教",煽动不明真相的回族群众反对红军。为此,党向部队下达了《关于回民工作的指示》。现收藏于国家博物馆的这份指示提出:"我红军目前向西行动,所经甘、宁两省地区有着占人口二分之一至四分之三的广大回民群众,加紧争取帮助回民走到抗日反国民党军阀卖国贼的战线上来,并联合苏维埃红军,为回族的自决与解放而斗争,创造西北新的伟大局面,是党和红军极迫切的重要的政治任务。"同时,党中央委员会还向全国穆斯林发表了《中华苏维埃共和国对回族人民的宣言》,郑重宣告:我们根据民族自决的原则,主张回民自己的事情,完全由回民自己解决,凡属回族的区域,由回民建立独立自主的政权,解决一切政治、经济、宗教、习惯、道德、教育以及其他的一切事情,凡属回民占少数的区域,亦以区乡村为单位,在民族平等的原则上,回民自己管理自己的事情,建立回民自治的政府;保护清真寺,保护阿訇,担保回民信仰的绝对自由;成立独立的"回民抗日军";改善回民的生活;保护回文,发展回民的文化教育,举办回民的报纸,提高回民政治文化的水平;等等。

党的这些民族政策深得民心,符合回汉群众的根本利益,即使在最多疑的农民和阿訇中间,也留下了深刻印象,为西征军的胜利进军提供了有力帮助。经过多次战斗,西征军势如破竹,陆续解放了盐池、豫旺、固原等地区,并在这些地方张贴标语,深入开展广泛的民族政策和抗日宣传。此外，经党中央批准，西征军还组建了回民独立师，并先后成立了豫旺县临时苏维埃政府和一些区、乡两级苏维埃政权。这些具体措施和方针政策使回汉人民加深了了解，增进了友谊，逐渐消弭了历史隔阂，并使回族群众的政治觉悟和参加革命的热情得到空前提高。

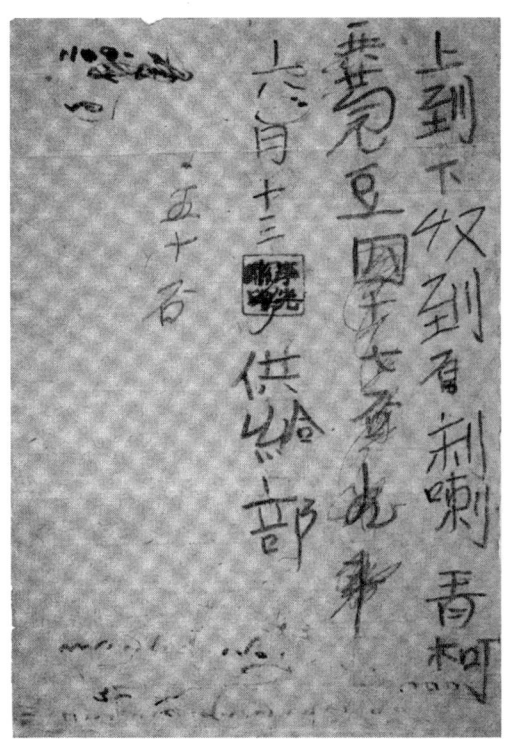

甘孜藏族同胞支援红军

上图为红四方面军开给甘孜白利寺喇嘛的收据。

从 1935 年 5 月到 1936 年 7 月,红一、红二、红四方面军先后进入四川甘孜藏区。在这 15 个月的时间里,红军经过泸定、康定、丹巴、道孚、乾宁、炉霍、甘孜、瞻化、雅江、理化、稻城、定乡、得荣、巴安、白玉、色达 16 个县的广大地区。如此庞大的军队,在这么长的时间里,驻留在这块贫瘠的土地上，如果没有藏族同胞的积极拥护和热情支援，后果不堪设想。朱德曾在红二、红六军团与红四方面军的会师大会上深情地说："我们能在这块土地上生存、发展，靠的是藏族同胞的支持和帮助。我们还要继续北上，在我们前进的道路上，还要跋涉茫茫的草地，但是只要有了藏族同胞的支持，我们一定能够克服一切困难。"可以说，四川甘孜的藏族同胞为红军长征胜利做出了重要贡献。

甘孜又称康区，虽然地域辽阔，但是自然环境恶劣，再加上这里大部分地区仍处于农奴制社会，生产力低下，物资极度匮乏。更为重要的是，由于历代汉族统治者的残酷剥削，藏族群众对汉人似乎有着一种"天生"的敌视态度，加之国民党的欺骗宣传，他们对红军尤其如此。这对急需休整的红军来说，如何从藏族同胞那里解决吃饭问题，确实困难重重。

长征途中，中国共产党十分重视少数民族问题，并把它放在最重要的位置。在民族关系复杂的甘孜藏族聚居区，红军在实践中认识到这里的社会特点，制定并严格执行正确合理的民族政策，尊重藏族群众的风俗习惯，主动帮助他们发展生产。朱德就曾经亲自拿着镐头，到田间帮藏族同胞干活。此外，红四方面军还扶植藏族同胞成立了"波巴人民共和国""格勒得沙共和国"等自治政权。

在红军的民族政策和实际行动的感召下，很多藏族群众消除疑惧，回到家中，不顾当地军阀给他们订立的各种"惩治条例"，热情支援红军。据不完全统计，在长征中，四川藏族同胞支援红军粮食约1000万斤，牛、羊、马等牲畜约20万头。红四方面军还专门设置了粮站，储存筹集的粮食。更难能可贵的是，为了支援红军，有的藏族同胞上山挖野菜充饥，省下自己的口粮无偿地送给红军。例如，丹巴巴底乡的格达一家，就把家里仅有的玉米馍和季豆都送给了红军。

需要指出的是,相较于普通藏族群众的贫穷,甘孜的寺庙却盖得金碧辉煌,喇嘛和土司是这里的实际统治者,掌握着大量财富,控制着当地的政治、经济和宗教。因此红军筹粮,争取喇嘛的支持尤为重要。1936年5月,红四方面军通过《总政治部对番民的策略和路线的提纲》,在团结藏族群众的同时,更进一步注意到藏族群众的宗教信仰和喇嘛僧侣的特殊地位。文件提出,"喇嘛寺的土地不没收,可出租,要减轻租金,请人做要出钱"。红军所到之处,切实保护寺院,对武装抵抗的僧兵耐心教育,从不亵渎他们的宗教信仰。喇嘛僧侣对此深为感动,从敌视红军转而与红军合作,积极帮助红军筹粮。据《甘孜寺支援红军粮食登记簿》记载,仅甘孜16个喇嘛寺便支援红军青稞8000余斗、豌豆4000余斗。

格达活佛,法名洛桑登真·扎巴他耶,7岁时便被认定为甘孜白利寺活佛。他亲自出面召回隐藏在深山的藏族群众,号召藏族群众和喇嘛把粮食支援给红军,并将全寺余下的青稞134石、豌豆22石,还有部分马匹、牦牛全部支援给红军。国家博物馆保存的这张红四方面军开给甘孜白利寺喇嘛的收据,便是当时白利寺支援红军的历史见证。这张收据上写着:"上到下,收到白利喇(嘛寺)青柯(稞)一共豌豆四十七石九斗,五十石,六月十三日。供给部。"格达活佛非常认同共产党"解救穷人"的宗旨,认为"我作为活佛是用佛经超度人们的灵魂到极乐世界去,而共产党领导的红军,是为穷人打天下的军队;我们的信仰虽然不同,但都是为了穷人"。他除了帮助红军筹粮外,还积极参与共产党扶植的地方政权建设,担任"波巴人民共和国中央政府"副主席。1936年7月,红二、红四方面军要继续北上,格达活佛依依不舍,与临别的朱德彻夜长谈,进一步了解了共产党的性质和革命宗旨,更加坚定了跟着共产党走的决心。朱德为格达活佛题词"红军朋友,藏民领袖",并将自己的八角帽送给活佛,告诉他"这项帽子留给你,看到它,就像看到红军,少则5年,多则10年,我们一定会回来"。

红军北上后,格达活佛依然与中国共产党站在一起,尽自己最大的努力保护留下的红军伤员。当时,国民党和反动土司卷土重来,大肆抓捕屠杀留下的红军伤员,以及帮助过红军的积极分子,甘孜陷入一片白色恐怖之中。格达活佛不顾个人安危,毅然阻止敌人的暴行,组织群众将红军伤员隐藏起来。活佛亲自为这些伤病员治疗,待其康复好转后,通过各种关系将他们送出甘孜藏族聚居区。同时,格达活佛还创作了大量歌颂红军、思念红军的诗歌,表达了自己与黑暗势力斗争到底的决心,以及心系共产党的一片真情。仅录其中一首如下:

  杂曲(即雅砻江)河水长又长,哪有红军恩情长?
  手捧哈达献亲人,泪沾袈裟难分手。
  啊!红军!红军!
  今朝离去,何日再回?

格达活佛不仅在支援红军方面做出巨大贡献,而且还为后来解放藏族聚居区献出了宝贵的生命。

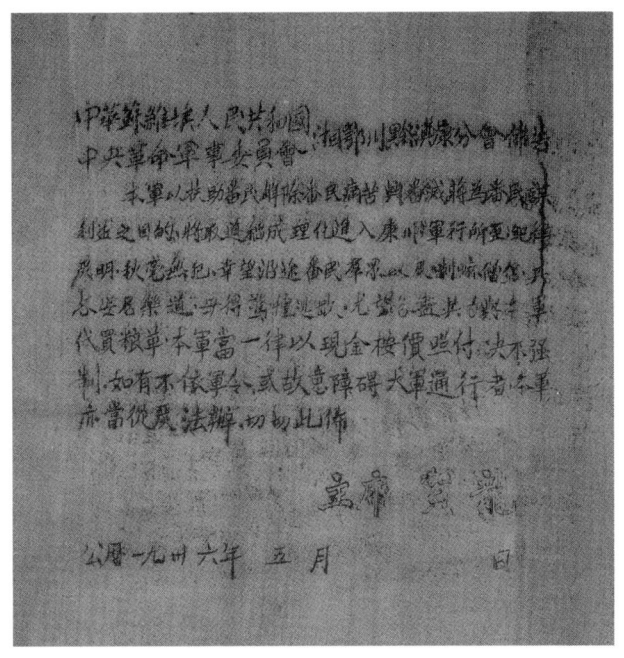

红军长征在中旬

上图为红军在云南中甸藏族聚居区以贺龙的名义发布的布告。

1936年4月下旬,贺龙、任弼时等率领红二、红六军团翻过雅哈雪山,到达了云南中甸藏族聚居区。由于红军刚刚经过艰苦的雪山行军,人困马乏,粮食短缺,必须在中甸进行休整,筹粮备秣,才能继续北上。

中甸被称作"康南名城",是云南通往康藏的重要通道。这里,高山终年积雪,气候无常,是一个藏族聚居区。红军进入中甸后,发现所谓的名城人烟稀少,街道冷清,城外有一个很大的喇嘛寺,但大门紧闭。国民党反动派为"剿灭"红军,大肆宣传"红军是赤匪""红军共产共妻""红军要杀人灭教"等,使很多不明真相的藏族群众在红军到来之前就躲进了深山。喇嘛僧众也非常害怕,将红军视为洪水猛兽。

这番景象使贺龙等人深知红二、红六军团已进入物资贫瘠、民族情绪对立颇为严重的藏族聚居区,要想顺利通过中甸北上,就必须赢得藏族群众的理解和支持。红二、红六军团一进城,就在通司(翻译或向导)的帮助下,在石墙、石板上到处张贴"红军是番民的朋友""反对大汉族主义"等宣传标语,并走访群众,召开座谈会和联欢会。红军还以湘鄂川滇黔军委分会主席贺龙的名义发布布告:"本军以扶助番民、解除番民痛苦、兴番灭蒋、为番民谋利益之目的,将取道稻城、理化进入康川。行军所至,纪律严明,秋毫无犯,幸望沿途番民群众及喇嘛、僧侣,其各安居乐道,毋得惊惶逃散。尤望各尽其力,与本军代买粮草,本军当一律以现金按价照付,决不强制。如有不依军令,或故意障碍通行者,本军亦当从严法办,切切此布。"红军战士严格执行党的民族宗教政策,尊重藏族群众的生活习惯和风俗信仰。白天,战士们积极为藏族群众做好事,热情学习藏语,和藏族同胞交朋友。晚上,部队不顾高原严寒,露宿野外,对群众秋毫无犯。有一次,一名红军战士由于枪走火,打死了藏族同胞的马,红军领导亲自登门赔礼道歉,并以250块银圆的高价进行赔偿。通过与国民党军队进行对比,很多藏族同胞认识到"红军好、共产党好",纷纷下山帮助红军买粮碾米、缝衣做饭,甚至还有些人,如陆云鹤、格苏等随红军参加长征。

中甸藏族聚居区当时正处在政教合一的封建农奴制社会,寺院掌握大量土地,极具经济实力。大军所至,所需粮草给养仅靠普通藏族同胞的支持是远远不够的,因此做好寺院喇嘛的统战工作尤为重要。红军进入中甸遇到的第一座大寺为城北的噶丹·松赞林寺。寺中僧侣众多,是滇川一带有名的寺院,有"小布达拉宫"之称,汉语叫"归化寺"。它是中甸地区的统治中心,寺内有藏兵武装,由"八大老僧"组成的"老庄会议"为最高机构,松本活佛为最高统领。红军进驻中甸后,归化寺掌教的"八大老僧"异常惶恐,他们自知不是红军的对手,遂开会研究决定派夏拿古瓦(夏拿是其家姓,古瓦是他的职务名称)作为寺院代表,进城与红军谈判。之所以派夏拿古瓦去,是因为大家谁也不愿意去冒险,推来推去,便推给了这位保管青稞和跳神用衣的下级僧官。

5月1日,夏拿古瓦等几名喇嘛进城与红军谈判,并向贺龙敬献哈达。贺龙等红军领导热情地接待了他们,并详细介绍了党的民族宗教政策,以及红军过境中甸北上抗日的宗旨。为消除寺院的顾虑,贺龙还以个人名义致信八大老僧,委托夏拿古瓦带回,对寺院派代表前来表示感谢,并希望他们不要轻信谣言,帮助红军筹粮。与此同时,贺龙下令派兵保护寺院安全,严禁士兵进入。红军严明的军纪和对藏族同胞的尊重,使八大老僧打消了疑虑。他们开始主动与红军接洽,并邀请贺龙等人至寺院观光。5月2日,贺龙等领导40余人造访归化寺。八大老僧率众喇嘛热情欢迎贺龙等人的到来,还破例举行一次"跳神"仪式。跳神是藏族聚居区的一种宗教仪式,每年冬月举行,用以祈祷丰收和吉祥如意。这次提前举行,足以显示寺院的诚意和红军统战政策的成功。双方在寺院广场上互敬"哈达"。贺龙发表热情洋溢的讲话,告诉喇嘛僧侣"红军是共产党、毛主席领导的革命队伍,我们是为各民族人民的解放来到中甸地区的,我们还要北上抗日,和日本帝国主义打仗"。之后,贺龙还将写有"兴盛番族"四个大字的锦旗送给归化寺,表示感谢和祝福。八大老僧深为感动,当即表示拥护红军,次日便向红军出售粮食,并动员其他僧俗富户支援红军。红军在中甸休整期间,共筹得10万余斤粮食,使疲惫不堪的部队获得充足的给养。

此间，夏拿古瓦等人日夜奔忙，为红军筹粮做了很多工作。红军离开中甸前，贺龙特意给他颁发了委任令，其内容是：

中华苏维埃人民共和国中央革命军事委员会湘鄂川黔滇分会委任令：

兹委任夏拿古瓦同志任中甸城厢及附近乡区安抚和招徕全体军民，并与本军采办给养，仰我全体民众一体知照。本军全体红色军人对夏拿古瓦同志应加以保护和帮助，不得稍事非难。是为至要。

此令

主席贺龙

一九三六年五月

红二、红六军团于1936年5月5日分两个纵队离开中甸，受到藏族同胞的夹道欢送。他们在这里严格执行党的民族宗教政策，赢得了广大藏族同胞的信任和支持，使部队获得充分休整，为其北上与红四方面军会师奠定了基础。

草地行军

上图为红四方面军战士刘毅保存的一株野菜。

要说最能体现长征精神行军片断的,恐怕就要数爬雪山、过草地了。雪山、草地是长征途中自然环境最为恶劣的地区,而草地尤为如此。红军战士在这片广袤的"生命禁区"充分发扬革命乐观主义精神,面对任何艰难险阻都百折不挠,战胜了一个又一个困难。就像《长征组歌》中所唱的那样:"雪山低头迎仪容,草毯泥毡扎营盘。风雨侵衣骨更硬,野菜充饥志越坚。"

这里所说的草地,并不是指内蒙古大草原,而是川西北特有的自然地貌,其实是高原湿地,为泥质沼泽。其中若尔盖草地是红军行军时间最长、条件最为艰苦,也是红一、红二、红四方面军共同经过的草地。若尔盖草地,位于四川与西藏交界的地方,因历史上一直归松潘县管辖,也称松潘草地。草地面积约1.52万平方公里,海拔3000米以上。茫茫的草地上,人烟荒芜,鸟兽绝迹,没有道路,只有无垠的绿色。但这"绿色"下面却险象环生,暗藏杀机。若尔盖草地有噶曲河和墨曲河纵贯其间,由于水流迟缓，积淤成一片片的沼泽。沼泽上面的水草盘根错节，形成草甸。草甸下面便是黝黑的积水，泥泞不堪，浅处齐膝，深处没顶。人走在草甸上面，就像踩在软软的沙发上一样，起伏不定。必须小心翼翼，把脚踩在草丛的根部上沿草甸前进。否则稍不留神便会陷入泥潭，越挣扎就会陷得越深。如果没有人相救，自己很难脱险。草地上几乎找不到任何食物，只有一些作为植被的野菜，没有毒的可以食用。草地行军的另一个困难便是草地气候变化无常，并且经常雨雪交加，昼夜温差很大。每年的5月至9月是草地的雨季，大量的降雨使本就泥泞的沼泽变成漫漫泽国，草甸上会泛起大大小小的"水泡"。如果人不知深浅地踩上去，后果不堪设想。而红军就是在这个季节经过草地的。

1935年8月下旬，由红一方面军的第一、第三军，红四方面军的第四、第三十军，军委纵队的大部分合编而成的右路军先后开始了艰难的草地行军。红军虽然在进入草地前进行了筹集粮食、加强骑兵训练等充分准备，但是要想穿越自古以来杳无人烟的草地，蒋介石以及胡宗南等国民党将领都认为是不可能的。红军纵有三头六臂，也插翅难飞。这其实等于给红军让出一条生路，只是要走出这条生路确实不易。在草地行军时间最长的是红四方面军，由于张国焘阴谋夺权，企图分裂中央，导致部队反复穿梭于川西北的广大地区，曾三过草地。红二方面军是最后一个通过草地的，遭遇的困难也是最大的，因为前面通过草地的部队已将野菜挖完了，留给他们的"食物"所剩无几。

这三支方面军在付出极大的代价后才走出了草地，能生存下来便是幸运，很多战士都长眠于这片茫茫沼泽当中。草地行军最怕的就是下雨，红军进入草地的季节正好是在雨季，几乎天天下雨，而且经常是暴雨冰雹。一旦下雨，浮在沼泽上的草甸就会变得若隐若现，向导也很难辨认道路,行军变得异常艰难。且红军战士大都衣衫单薄,衣服被雨水打湿后会紧紧地裹在身上,一到晚上气温骤降,湿衣服便会变僵变硬,冻得人瑟瑟发抖。晚上露宿,虽然大家会互相靠在一起取暖,但是这点体温根本抵挡不住草地的严寒,经常有人第二天早上起来时发现身边战友的身体已经冰凉了。

在草地上牺牲的战士,除了被严寒冻死之外,有的是深陷泥潭,更多的则是因饥饿而死。红军战士进入草地前,一般都准备了青稞麦炒面。这种面需要用水煮着吃,如果炒面被雨淋湿,放在水里一煮就成了稀糊糊,很难下咽,且根本不顶饿。即便这样,他们的粮食也只够两三天食用的。由于行军缓慢,一天只能走 20 余里路,剩下的路程只能靠野菜、野草、树皮充饥了。因为有的野菜有毒,部队一般会组织有经验的人挖野菜,主要有水芹菜、人参果、冬寒菜、车前草等。前面图中,是红四方面军战士刘毅保存的一株野菜。本来这种开黄花的野菜是有毒的,但实验证明,其在反复烧煮后毒性会减弱,食后没有生命危险,因此就成了战士们的充饥之物。1936 年 7 月 1 日,刘毅在噶曲河畔草原参加中国共产党成立 15 周年纪念会后,便和几个战友一道采摘了这种野菜充饥,并特地保留了几株,以纪念那些在长征途中牺牲的战友。

更为可怕的是,前面的部队还有野菜、树皮可以吃,后面的部队则连这些都找不到了,只能将皮带、马鞍子等皮质东西煮着吃。皮带一般会被切成小块儿煮很长时间,否则根本咬不动。左图中的这根任弼时长征时吃剩下的皮带,至今仍保留着用刀分割成一段一段的痕迹。当时,他和警

卫员拿小刀将皮带切成若干段,然后再将其烧焦、刀刮和水煮,每次每人只能吃 3 小段。虽然味道难闻,但是他却风趣地称

之为"吃煮牛肉"。走出草地后,他将吃剩的皮带一直保存着,留作纪念。再看右图中的这根皮带,它是红四方面军战士周广才的,周广才当时是一名参加长征的"红小鬼"。过草地时,6位战友的皮带已经相继吃完,轮到吃周广才的皮带时,年仅十四五岁的他却大哭起来,恳求大家不要再吃了。就这样,大家强忍着饥饿,硬是把皮带保存了下来。周

广才在皮带背面清晰地刻上"长征记"三个字,以纪念这段经历。

各方面军虽然进入草地的起点不一样,但是终点都是一个,那就是藏族村庄班佑。当红军战士们临近草地的边缘,看到了陆地,一个个兴奋无比,仿佛终于从死神的魔爪中挣脱出来,重新回到了人间一样。据刘英回忆:"在草地走了七天七夜,那完全是一个杳无人烟的世界。第八天,走出了草地,到达班佑,看到了村庄,看到了群众,看到了牛羊和炊烟,看到了田里有大萝卜,真是高兴极了。"没过草地路,难知长征苦。红军战士们过草地时忍饥受冻,时刻面临着死亡的威胁,他们靠着坚忍不拔的精神以及对党和革命事业的无限忠诚,最终创造了人类历史上的行军奇迹。

红色医生傅连暲

上图为傅连暲长征期间治病时用的洗眼杯和体温表盒。

红军长征途中,有一位随军医生。他虽然不是共产党员,但是深得毛泽东、周恩来等红军领导人和广大战士的尊重,被亲切地称作"红色医生"。这个人就是傅连暲。

傅连暲(1894—1968),原名傅日新,福建省长汀县人。傅连暲的父母本是长汀县城外的普通农民,因不堪当地地主的欺压,流落至汀州城,并且加入基督教。就这样,由于父母的关系,傅连暲一出生便接受了洗礼,后来在英国医生希布莱尔的帮助下读完中学。1911年,傅连暲考入汀州福音医院的亚盛顿医馆,毕业后被希布莱尔聘为汀州八县旅行医生,后又到福音医院担任医师。1925年"五卅运动"爆发,由于人民群众的反帝情绪日益高涨,福音医院的外籍医生陆续撤走,傅连暲被推举为院长,此后名望大增。这一时期,傅连暲与当地国共两党要人素有来往,开始倾向革命，但他并没有接受国民党"少校医官处长"的委任。国民大革命失败后，傅连暲得知国民党钱大钧部正在追击南昌起义部队，便在汀州发动所有的医务人员成立"合组医院"，冒着极大的危险先后免费收治了包括徐特立、陈赓等领导人在内的300多名伤员，与中国共产党建立起紧密联系。

贫苦农民出身的傅连暲，是一个虔诚的基督教信仰者。他行医救人，不分贵贱，不分党派，皆一视同仁。但是这种博爱平等的宗教观，与充满杀戮、剥削的现实社会形成巨大反差，令他苦闷不已。共产党的到来，使傅连暲对革命有了新的认识——共产党人不同于军阀，他们是真正为老百姓求解放、谋利益的，只有跟着共产党走才有光明的前途。1929年3月，朱德、毛泽东率红四军入闽，攻占汀州，慕名拜访傅连暲。这时的傅连暲已为革命工作做了不少贡献。他第一次见到毛泽东时非常激动，不仅陪同其参观福音医院，还为朱、毛二人检查身体，并为红军战士接种牛痘，预防"天花"。红军临行前，傅连暲又将自己的得力助手叶青山、黄成派到军中服务。1932年10月，毛泽东住进福音医院附设的老古井休养所。此后三个多月的时间里，傅连暲精心照料毛泽东，每天傍晚还陪同其一起散步。毛泽东利用这段朝夕相处的时间，为傅连暲深入浅出地讲解党和红军革命的宗旨、道理。毛泽东对傅连暲说，"你能参加革命，和出身有关，你是被压迫阶级出身"，"反对帝国主义，还要反对国内的统治阶级，才有出路"。傅连暲深深地为毛泽东的渊博学识和崇高的革命理想所折服，逐渐将其视为自己革命的领路人，希望"一辈子跟在他身边"。

1932年，傅连暲在汀州创办"中国工农红军中央看护学校"。他利用晚上时间，编写了《外科学》《内科学》《处方学》等教材，亲自为学员讲课，培养了一大批红军急需的医务人员。同年秋，在毛泽东的建议下，傅连暲将福音医院改名为中央红色医院，并于次年将医院迁往瑞金，成为中央红军第一个正规医院。当时红军虽有几所医院,但十分简陋,很多基本的医疗设备都没有。傅连暲见此情景,便用自己多年积攒下来的4000多块银圆,派人到白区购买了急需的医疗物资,使医院初具规模。毛泽东深为感动,曾劝其留一部分银圆贴补家用。但傅连暲十分坚决,对毛泽东说:"党对我的照顾,已经够好的了。"

可就在他心系革命,准备申请入党时,王明"左"倾机会主义路线开始在全党推行。傅连暲由于是基督徒的关系,开始受到批判,被打成"AB团"①,要不是张闻天及时拦下,他差点因此掉了脑袋。后来事件虽然平息,傅连暲也恢复了工作,但是在国民党"围剿"愈益紧迫的时候,有人开始怀疑这个非共产党员会不会因为"AB团"事件的打击,动摇革命信仰,离开红军,回汀州去开他的医院,或者凭借其医术和名望,到国民党政府谋个一官半职。

这些人都想错了,刚经历政治风暴的傅连暲不仅对党没有怨言,反而更加坚定了自己的革命信仰,将全部精力都投入到工作中去。长征前夕,毛泽东由于操劳过度患上恶性疟疾,高烧41度,全军上下心急如焚,中央人民委员会主席张闻天紧急委派傅连暲前去治疗。傅连暲领命后,骑着骡子,星夜赶往于都。经过精心治疗和陪护,三天后毛泽东的病情终于好转。这对"没有时间生病"的毛泽东来说,对正处在危急时刻的党和红军来说,无疑是大功一件。傅连暲也因此被称为"华佗"。1934年10月,红军准备战略转移,傅连暲虽然有病在身,但毅然跟随红军一起长征。在漫漫长征路上,傅连暲凭着自己多年积累的临床医学经验,因陋就简地利用仅有的医疗器具为朱德、刘伯承、王树声等领导人治疗过伤病,为任弼时

---

① AB团是中国国民党中反共产党者于1926年12月在江西成立的一个团体,主要工作是与共产党争夺江西省国民党的党内权力。

的妻子陈琮英接过生,也为更多的伤病战友进行过包扎、手术、诊断和治疗。前面图中的洗眼杯和体温表盒,就是傅连暲长征时用过的医疗器具。由于长途跋涉、条件艰苦,再加上缺医少药,红军官兵很容易感染痢疾、疥疮,一般的感冒发烧更是常有之事。傅连暲经常利用基督徒的身份,到沿途的教堂求药,把许多红军将士从死亡线上拉了回来。不同于枪林弹雨、豪情万丈,傅连暲用另一种温情、平凡的方式,为红军长征胜利做出了贡献。正如1944年徐特立在《赞傅连暲》一诗中所言:"虽无赫赫功,积累等长城。"

当然,毛泽东等领导人对傅连暲的工作表现也看在眼里、记在心上,对其关怀备至。长征途中,有一天部队在湘南急行军,由于道路狭窄过于拥挤,傅连暲不小心连人带马跌进山下的大河,行李和马都被冲走,人幸好被及时救起。毛泽东听说后立即派人询问,并把仅有的一条棉被送给他御寒。1938年,傅连暲终于实现了多年的夙愿——加入中国共产党,而证明人即为毛泽东。

周恩来长征患病

上图为周恩来在长征途中观察地形时使用的望远镜。

周恩来的一生留给后人许多精神财富,其中之一便是表现为艰苦奋斗,为党和国家人民的事业鞠躬尽瘁的长征精神。长征途中,担任中央革命军事委员会副主席的周恩来不仅要面对艰苦恶劣的行军环境,还要面对艰难的战略决策。他以身作则,与战士同甘共苦,经常一边行军,一边工作,带领大家渡过道道天险,战胜重重磨难。

据时任红一师三团的党支部书记萧锋回忆:"在急行军中,周副主席很少骑他那匹黄骡子,经常将骡子给害病的战士骑或驮武器","一宿营,周副主席总是找机会到连队看一下指战员,十分关心战士的思想、生活。

来到团部,他总不忘告诫我们及时查看地形,研究敌情,规定紧急集合场,调查行军路线。常常是他刚回到自己的住处,还没有来得及休息一下,参谋人员又送来了电报、文件。团领导向他汇报,他总是边看电文,边听汇报,并迅速准确地加以处理。夜里,我们这些年轻人一躺下就睡着了。当半夜起来检查内外警戒时,可以看到周副主席屋里的小油灯还在亮着。周副主席和三团行动期间,经常看到他通宵达旦地工作,却看不到他一丝一毫的倦意"。但人毕竟不是铁打的,何况是在如此艰苦的行军环境下,日夜操劳的周恩来在部队到达毛儿盖后再也坚持不住了,得了一场大病。作为党和红军的重要领导人,作为长征的发起者和组织者,周恩来对长征的重要性不言而喻,并且又是在准备穿越草地的关键时期,他的病情牵动着数万红军的心。

周恩来在长征途中有两名贴身警卫,警卫长范金标和警卫员魏国禄。1935年8月初的一天,两名警卫像往常一样安排周恩来的饮食起居,但发现周副主席脸色难看、茶饭不进、说话有气无力,把手放在其额头一摸,才发现烫得吓人。医生过来一量体温,是39.5度。第二天清晨,周恩来热得更高,人也陷入昏迷状态。毛泽东、刘伯承、叶剑英等领导都前来看望。毛泽东还指示卫生部要傅连暲医生回来,但回电说傅医生随朱总司令南下了,路途遥远,回不来。后来从卫生部来了位戴济民医生,他是跟随红九军团军团长罗炳辉从江西吉安出来的,医术很高明。随后又请来王斌、李治、孙仪之三位医生为周恩来共同会诊。他们三人本来都是国民党部队的医官,后来随国民党军队"围剿"红军时做了俘虏,在共产党的教育下成了红色医生。王斌当时任红军卫生学校校长,是著名的外科大夫;李治时任红军卫生学校的教育长;孙仪之是干部休养连的医生。

三位医生赶过来时,躺在床上的周恩来已经呼吸困难、神志不清,嘴里还时不时地说着胡话。邓颖超正坐在床边,焦急地为他擦汗降温。经过仔细检查和化验,医生们用显微镜在周恩来的粪便里发现了大量的"阿米巴菌",一致确诊他患的是阿米巴痢疾,而且肝区已拖到右肠窝内。这种病在红军长征中很常见,但周恩来当时已处于病危状态,如不及时排脓,很可能有生命危险。最好的治疗方法当然是马上进行手术,但在当时艰苦行军的特殊环境下,既不具备手术条件,也没有保证手术顺利进行的药物。三位医生斟酌再三后决定采取保守的治疗方案,注射特效药"易米丁",结合冰敷降温的方法排脓。邓颖超听完他们的汇报后,坚定地说:"你们是专家,这里的一切由你们做主。"毛泽东也特意赶过来叮嘱医生们:"一定要尽最大的努力,你们要知道,我们的革命事业少不得恩来同志啊。"医生们当然知道周恩来对党和红军的重要性,也知道如果医治稍有闪失对党和红军造成的损失是无法估量的。他们全神贯注,一面注射药物,一面派人去附近的山上取来冰块,并且日夜守护在周恩来的身旁,时刻观察他的病情。

注射"易米丁"后,周恩来仍然时而昏迷,而外出找冰块的战士们却迟迟不见回来,所有的人都在焦急等待着。此时正值八月盛夏,附近的山上根本找不到冰块。几名战士不得不穿越草地百余里,爬上一座雪山,把几十斤冰块装进保湿筒里,午夜才赶回来。医生们赶紧把冰块敷在周恩来肿胀的肝部。据邓颖超后来回忆:"等到下午五六点钟时,恩来逐渐清醒,不时地呻吟着,说肚子痛。我们把他扶起来解大便,排出来的都是绿色腥臭的脓状便,体温也就下降到 35 度。"这个体温是一个接近"死人"的温度,但为了把周恩来体内的脓液排净,医生们决定继续冰敷。又经过三天冰敷,周恩来体内的脓液基本上被排出体外。王斌、李治、孙仪之三位医生由于还有各自的任务,都功成身退,只留下戴济民医生继续陪护周恩来。

此时，红军已经开始准备过草地了。周恩来的病情虽有所好转，但由于五六天没有吃东西，身体非常虚弱。中革军委决定让他跟随彭德怀的第三军团殿后。彭德怀为此特意交代三军团参谋长萧劲光组织担架队，并叮嘱他无论如何也要把周恩来抬出草地。萧劲光从迫击炮连抽调战士组成担架队，干部团团长陈赓自告奋勇当担架队队长，兵站部部长兼政委杨立三也主动加入担架队，大家轮流抬着周恩来过草地。草地危险重重，别说抬着担架，就是正常行走也得处处小心。周恩来看大家异常辛苦，多次挣扎着爬起来，但都被战士们重新推回担架上。七天后，大家终于走出了草地，周恩来的身体也逐渐得到恢复。但他又开始不顾休息，投入到紧张忙碌的工作当中。

前面图中这架周恩来在长征途中观察地形时使用的望远镜，便是他不顾险境和身体虚弱，夜以继日工作，顽强支撑危局的历史见证。

长征四老

在中央苏区,何叔衡、徐特立、谢觉哉、林伯渠、董必武五人因年龄较大,资历较深,被誉为苏区"五老"。1934年10月,除何叔衡留在苏区继续坚持斗争外,其他四人都参加了著名的二万五千里长征,后来也就有了"长征四老"之称。"四老"和战士们同甘共苦,一起爬雪山、过草地,风雨兼程,日夜行军。他们虽然秉性各异,工作领域各有所长,但都有着高度的革命乐观主义精神。他们并没有成为部队的负担,反而用这种乐观主义精神感染着身边的战士,共同战胜各种艰难险阻。同时,"四老"在长征途中互敬互爱,相互扶持,结下了深厚的革命友谊。

林伯渠

林伯渠(1886—1960),原名林祖涵,字邃园,号伯渠,湖南安福(今临澧)人。林伯渠早年曾到日本留学,并在东京加入同盟会,此后长期从事反清革命活动。1921年,经李大钊、陈独秀介绍,林伯渠加入上海共产主义小组。国共合作时期,他曾参加国民党第一、第二次全国代表大会,当选为中央执行委员会委员、常务委员、农民部长和武汉国民政府军委会秘书长。大革命失败后,林伯渠参加南昌起义,后到莫斯科中山大学学习。1933年,林伯渠进入中央苏区,先后出任苏维埃中央政府国民经济部部长、财政部部长。

林伯渠是老革命,长征期间他任红军没收征发委员会主任和总供给部部长,担负着为部队筹粮、保障供给的重任。由于工作繁重,再加上长时间的艰苦行军,林老日渐消瘦,头发花白,胡须也垂到了胸前。但他毫不畏惧,时时刻刻都表现出一名共产党员艰苦奋斗、乐观豁达的革命精神。中央红军翻越最后一座雪山打鼓山时,由于国民党反动派实行"坚壁清野",藏族同胞都被胁迫走了,红军很难筹到粮食,只能靠上山时带的一点儿青稞去填肚子。有一天清晨,"四老"在打鼓村捡到几张烂马皮和一些马骨,几个饥肠辘辘的战士立刻如获至宝般拥过来。大家手忙脚乱地把马骨敲碎吸吮骨髓,然后分头行动,有的烧水,有的捡柴,有的切马皮,准备"饱餐"一顿再爬山。一个小时后,马皮眼看要煮熟了,正当大家兴致勃勃地准备捞出来享用时,瓦盆"咔嚓"一声碎了,煮好的马皮全掉进柴火堆里。林老瞅着大家的失望劲儿,马上说"有志者,事竟成,我就不信收拾不了几张马皮",便带领大伙儿重新埋锅造饭。折腾到晌午,马皮终于可以吃了,可是一嚼才知道又硬又涩,难以下咽。这时又是林老带头狼吞虎咽地吃起来,只见他夹起一块马皮放在嘴里毫不犹豫地直接咽下去。大家看着林老,也如法炮制,就这样填饱了肚子。

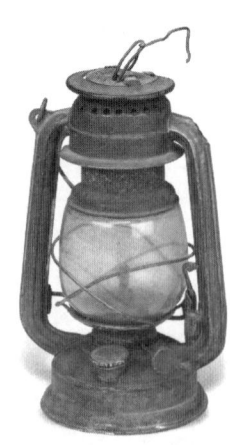

左图这盏马灯是林伯渠在长征途中使用的,它不知在多少个黑暗的夜里,为红军照亮了脚下的路和心中革命的路。有一次,部队行军至老山界时,天色已晚,山势陡峭,大家纷纷点起火把。可是走到半山腰时,天突然下起大雨,火把被浇灭了。这时只见林老提着一个马灯,和其他几老缓缓而来。马灯虽然光线微弱,但是可以照见泥泞的道路,不至于滑下山坡。林老"手举马灯照万人"的光辉形象,也随着黄镇笔下的漫画《夜行军中的老英雄》而广为流传。"老骥伏枥,志在千里。"林老舍己为人、坚忍不拔的品质感染着身边的每一位战友,他与大家共同进退,终于走完了长征。吴玉章为此曾赞林老:"回国参加苏维埃,财经工作展宏才。长征二万五千里,革命老人何壮哉!"

董必武

董必武(1886—1975),原名董贤琮,又名董用威,字洁畬,号碧伍,湖北黄安(今红安)人。董必武早年曾参加辛亥革命,后来受十月革命的影响,转而接受马克思主义。1928年,董必武赴莫斯科学习,回国后来到中央苏区,先后担任马克思共产主义学校副校长、中央党务委员会书记、最高法院院长等职。长征出发前,组织曾对要求参加长征的董必武提出两个条件:其一是妻子不得随军,其二是担任中央卫生部妇女队队长。这第一条,对新婚不久的董必武来说是难以割舍的。其爱人陈碧英贫苦农民出身,少年时讨过饭,后来参加革命,在福建汀州从事地下活动时与董老相识。两人婚后相敬如宾,恩爱有加。这次妻子却因体重不够而不能随军长征,董老只好服从组织安排。长征出发时,陈碧英送了董老一程又一程,直到第三天才不得不与董老分手,而这一别竟成永诀。这第二条,董老也是迎难而上,坚决服从组织安排。妇女队的创建是这样的。长征出发不久,有的女同志向领导提出,女战士应该与男同志一视同仁,单独编队。组织讨论同意后,考虑到妇女队的特殊性,周恩来本来想让工作能力突出的女指导员李坚真任队长,但由于李坚真在休养连的工作十分繁重,遂决定用曾担任中央党校副校长、在女同志中威望很高的董必武担当此任。由于妇女队的主要任务是抬担架和收容照料伤员，因此董老的工作十分辛苦。他在行军中总是要往返好几趟，比别人多走几倍的路，不断鼓励大家，自己还得身体力行抬伤员，经常摔得满身是泥。但乐观的董老却开玩笑说："老蒋想逼死我们，可他做梦也想不到，我董胡子还要感激他这一招呢，要不，我哪有这么多可爱可亲的女儿。"长征胜利后，董老还特意请妇女们喝酒。回想在妇女队的往事，他即兴作诗曰："四渡赤水若等闲，大渡天险亦心坦。夹金山上积雪奇，茫茫草原何足难。红军女英爽夙志，风卷神州红烂漫。古来旧观须推翻，巾帼敢顶半边天。"

这样的工作持续了一段时间，部队到达黎平后进行整编，妇女队被取消，并入干部休养连，成立妇女班，董老也随之调至干部休养连当党支部书记。长征出发时，共有卫生部连、中央工作团和三个休养连，后来将中央工作团撤销，缩编为三个休养连，其中第二个即为干部休养连。干部休养连共有100多人，除了徐特立、谢觉哉、董必武之外，还有陆定一、钱之光等中央部长。随军参加长征的30位女同志，有24位在这里，包括贺子珍、刘群先等。特别是连队中还有一些伤员，如陈伯钧、张宗逊、钟赤兵等，他们都是红军的高级指挥官。虽说是个连队建制，但却是个特殊的连队。由于这里"藏龙卧虎"，规格之高在红军中是独一无二的，长征途中先后由红军大学校长何长工、八军团卫生部部长侯政担任连长。周恩来非常关心休养连的同志，曾交代何长工说："这批老人，是我们党的宝贵财富，你要对他们的安全绝对负责。如果他们在，你也在，那就皆大欢喜；他们在，你不在，我追记你为烈士；如果他们不在，你在，我就要砍你的头！"因此休养连的工作并不轻松，董老还像往常一样忙忙碌碌。身为党支部书记，他要时刻关注战士们的思想状况，通过讲革命故事的方式，加强部队纪律。每到宿营地，等大家都入睡后，董老还要四处检查，为第二天的行军做好后勤安排。干部休养连的战士们经常看到董老匆忙的身影,根本停不下来,于是大家便形象地称他为"三不停",即思想不停、手脚不停、嘴巴不停。右图这件马褥子,便是董老在长征途中穿梭于部队前后歇脚时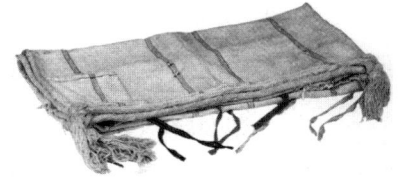用的,它见证了董老为干部休养连的同志们劳碌奔波的历史。

徐特立

徐特立(1877—1968),又名徐立华,字师陶,湖南长沙人,是毛泽东的老师。徐特立年轻时颇为激进,曾因清政府卖国妥协,用菜刀砍下自己的小手指,蘸着血写下抗议书。辛亥革命后,徐特立在湖南第一师范任教,对毛泽东、蔡和森等影响颇深。1919 年,徐特立以 42 岁的"高龄"远赴法国勤工俭学,回国后创办长沙女子师范学校,并任校长,同时兼任长沙师范学校校长。1927 年大革命失败后,徐特立毅然加入中国共产党,参加南昌起义。1928 年,徐特立到莫斯科中山大学学习,回国后进入中央苏区,任中华苏维埃共和国临时中央政府教育部部长,创办了列宁小学、列宁师范等。1934 年他以 57 岁的高龄参加了中国工农红军二万五千里长征,被毛泽东称为"坚强的老战士"。

徐特立是"四老"中年龄最大的。长征路上,他意志坚定,达观幽默,时刻用自己的行动鼓舞着身边的战士,表现出一个老英雄的大无畏气概。1935 年春节前,红军转战至云贵川一带时,李伯钊等人策划了一台晚会,准备迎接新年,其中有一个徐特立表演的节目给大家留下了深刻的印象。这个节目的名字叫"捉虱舞"。徐老特意把自己打扮一番,只见他反穿着羊皮袄,戴一顶破毡帽走上前台,将手放进皮袄里上抓下挠、左扭右拽,一会儿便捉个东西放进嘴里,一边皱着眉头,一边还很开心地说:"嗯,这个肥。"他反复地做着捉虱子、吃虱子的动作,将红军战士不怕艰难困苦、乐观向上的革命精神表现得淋漓尽致,引得大家开怀大笑。

徐老在长征路上有很多发明创造,最著名的当属"百宝衣"。徐老在长征路上总穿着一件打土豪时分得的长袍,因为他在长袍上缝了很多口袋,里边放着公章、图章、印色、老花镜、文件、书籍等东西,甚至连针线都有,所以战士们便管它叫"百宝衣"。徐老把常用的东西放在前面的袋子里,不常用的放在后面的袋子里。由于东西太多,老人家行军走路时总是丁零当啷,不紧不慢,这使干部休养连连长侯政很恼火。侯政经常劝徐老轻装上阵,紧紧跟着队伍,可徐老根本不理会。有一次,当部队打下桐梓后,没收了很多资本家的"好东西",有烟和粮食,可徐老对这些却视而不见,反而将得到的铁丝、铁钉、铁锤放进铁盒里,装进百宝衣。侯政看见了,劝徐老扔掉这些"没用"的东西,换成吃的,并严厉地说"这样走是走不快的"。可徐老还是一意孤行,依旧"慢悠悠"地跟着队伍。走着走着,徐老却追上了前面快步行军的侯政。原来钟赤兵的担架坏了,而这里又前不着村后不着店,根本没地方购买或修理,并且雇来的担架员也不肯再抬了。这位在娄山关战役中右腿负伤,被锯后感染的十二团政委,要拿枪自杀,说什么也不给大家添麻烦。这可急坏了侯政,不知道怎么办才好。徐老走上来了解情况后,便笑着让侯政找来一根挑药的扁担,接着从百宝衣里拿出绳子、钉子等"没用"的东西,不一会儿就修好了担架。一旁的侯政看得目瞪口呆,以后再也不敢对徐老的百宝衣提意见了。

徐老是有名的革命教育家,长征途中不管条件多么艰苦,他都不放过任何机会教战士们学习识字。由于长期行军作战,没有课本、纸笔等,红军战士很少有机会读书识字。可还是徐老办法多,他在战士们的草帽上写下红军常用的一些口号,让后面行军的战士一边看一边念,时间久了,认识的字也就多了。对于总政治部让每名战士每天写三条标语的要求,徐老也是不厌其烦,反复教大家认字写字,直到教会为止。战士们一开始不愿意学习,后来在徐老的教育开导下,才渐渐明白了学习对于革命的重要意义。他们也因此愈发敬爱徐老,还编了句顺口溜:"人民教育家徐老,长征路上事文化,天当教室地当纸,树枝石头当笔用,每天学习二三字,一年学会八九百,学好文化好当家。"徐老还是个爱书如命的人。长征路上,他积极开展文化教育活动,尽力保护沿途的文化遗产。长征出发前,徐老就曾因书籍太多而不便携带犯愁,后来还是董必武给他出主意,让每个战士背一本,这样才把一部分书带到了陕北。部队行军所至,经常看见徐老走街串巷,与民众促膝长谈,并遍访文化界名人,了解当地的教育发展状况,保护当地的文化遗产,向他们宣传共产党的宗旨和红军反蒋抗日的政策。红军到达遵义后,最初打算创建川黔边革命根据地,成立了遵义革命委员会,徐老担任文化教育委员会委员。在遵义期间,徐老与当地的著名学者、主修《遵义府志》的赵乃康连日长谈,结为朋友,详细了解遵义的文化教育状况,并向他说明党对知识分子的重视,让他安心做好教育工作。有一次徐老到遵义老城碓窝井旁书法家王石珊家,一进门看见火光冲天,原来是几名战士把地主家搜来的书当柴烧取暖。一向和蔼的徐老立刻勃然大怒,严厉斥责他们的行为,并向总政治部反映战士们毁书的情

况，要求总政治部立即责令各部队严禁毁坏书籍和文物。徐老为此还特地到图书馆和各藏书家中，将红军搜集来的书籍放箱装好，以便将来统一保存。不仅是书籍，徐老对其他文物艺术品也都尽力保护，上页右图这件藏族绢画便是他在长征途中收集来的。

谢觉哉

谢觉哉（1884—1971），字焕南，湖南宁乡人。谢觉哉早年曾参加五四运动，1925年加入中国共产党，此后长期在湖北、上海、湘鄂西苏区等地从事宣传教育工作，先后任《大江报》《红旗报》《工农日报》主编。1933年到中央苏区工作后，谢觉哉先后担任中华苏维埃共和国中央政府秘书长、内务部部长等职，主持和参加起草了《劳动法》《土地法》等根据地法令。

1934年，谢觉哉随军长征，和董必武、徐特立一起被编在干部休养连。长征路上，不管行军如何紧张，环境多么艰苦，谢老不顾身体虚弱，从不搞特殊化，而是处处为别人着想，表现了一个老革命家无私奉献的精神。有一次行军，一天走了80多里路，眼看快到宿营地的时候，谢老实在坚持不住了，坐在石头上一动不动。钱希均看见了，赶紧上前询问，才知道谢老发烧了，两腿无力。钱希均要去请医生，谢老却阻止她说："不要去，药非常紧张，要留给重病号和伤员同志用，我这点小病算不了什么，歇一会儿就会好的。"谢老常说："一个共产党员应该在空前的艰难困苦中磨炼自己。我们每一个人都要准备随时为革命而牺牲，眼下吃点苦算得了什么。"他在行军时经常忍饥挨饿，把自己的口粮节省下来负重前行，以便能在困难的时候留给更需要的同志吃。一次行军途中，突然天降大雨，而四下荒无人烟，根本没地方筹粮，战士们又冷又饿，这时谢老把自己的口粮拿出来给伤病员吃。大家望着憔悴不堪的谢老,谁都不忍心吃他平时积攒下来的口粮。最后还是谢老不停地从旁相劝,大家才勉强吃了。

长征途中,谢老还保持着良好的学习习惯,他总是利用有限的休息时间读书、写日记。但谢老是近视眼,右图这副圆镜片、黑色软腿镜架的老式近视镜就是他在长征

途中戴的。由于部队不停地转战行军,而所经之处又都是贫穷落后、人烟稀少的地方,如果眼镜一旦坏了,可真没地方配,人就成了半个瞎子。因此,谢老一路对眼镜倍加珍惜,白天行军时舍不得戴,只在中途休息时才会拿出来戴上看书写字。谢老不但热爱学习,还喜欢传授大家历史知识。漫漫征程,路途遥远艰辛,年轻战士难免会有情绪低落的时候,谢老为了鼓励大家,经常在宿营时给大家讲历史故事。有一次讲到李自成,他说:"李自成领导农民起义,有几次都几乎全军覆没,但李自成和他的农民兄弟们,坚定信念,敢于斗争,克服困难,几次拉起队伍继续奋战,最后终于打进了北京城,吓得崇祯皇帝一个人仓皇逃到煤山,在一棵树上上吊自杀了。"在谢老的影响下,战士们渐渐明白了革命需要勇敢,需要牺牲,需要百折不挠的道理。谢老后来在回忆长征时感慨道:"我是幸运地参加了长征的人,现在回想起来,有很多事值得回味,但回味已不是苦,而是甜。"

"四老"中徐特立年龄最大,谢觉哉身体最差,林伯渠和董必武负责的工作最多。他们一路扶持,互相关照,患难中结成牢固的革命友谊。由于身体本就虚弱,再加上不断的艰苦行军,谢老在长征路上经常患病。有一次过草地时,谢老病重,根本吃不下草根树皮,有时饿得寸步难行,这要是在茫茫草地掉队,后果不堪设想。徐老看在眼里,疼在心里,他把平时积

攒的半袋粮食都给了谢老,这样才使谢老有力气走出草地。后来谢老常对人讲起,如果没有徐老的那点儿粮食,自己可能永远留在草地上了。除了吃饭之外,走路对谢老来说也是个头疼的问题。由于患病,他的脚肿得像个馒头,要是能有盆热水烫烫脚就好多了。可是草地到处都是沼泽,枯枝败叶布满其中,到哪里去找一盆清水呢。没想到一天晚上宿营,林老不知从哪里找来一盆热水给谢老烫脚。谢老感动不已,但他知道草地找水实属不易,这么好的清水,怎么能用来烫脚呢?他执意把水留给战士们用

来解渴。后来林老又弄了一盆热水来,谢老才勉强把脚烫了。左图这件蓝、红花格相间的毛毯是谢觉哉长征时用的,在它的背后还有一段动人的故事。在一次急行军中,谢老生病了,为了能跟上队伍,他把可以扔的东西都扔了,最后被迫连毛毯也扔了。董老走在队伍的后边,无意中发现了路旁的毛毯,一眼便认出是谢觉哉的。想到夜晚野外宿营,四面空旷,如果没有毛毯很难抵挡凛冽的寒风,董老便把它捡起来,背在自己的身上追赶队伍。到了宿营地,寒风刺骨,谢老正为没有盖的东西发愁,这时董老走过来把毛毯给了他。到达陕北后,谢老将这件凝结着革命友情的毛毯送给了董必武。正是同志之间无私奉献、舍己为人的高尚品格才使他们渡过了一道又一道难关,闯过了一道又一道险滩,终于赢得了长征的胜利。

长征中的女战士

上图为红四方面军女战士过雪山时穿的防滑鞋。

提起长征,人们往往想到的是红军战士一个个铁骨铮铮、浴血沙场,尽显男儿本色。可世界上的任何战争从来就不曾缺少过女性,她们总是以各种方式参与着战争。在80多年前那场史诗般的长征中,中央红军、红二方面军、红四方面军和红二十五军中都有女战士参加,且表现出色。她们不仅同男同志一样,要经历战火硝烟的洗礼和恶劣环境的考验,还要克服女性自身的生理弱点,以极大的毅力,徒步走完了长征全程,为长征胜利做出了重要贡献。

在中央红军参加长征的8.6万余人的队伍中,女性很少,只有30人。她们是蔡畅、邓颖超、康克清、贺子珍、刘英、刘群先、李坚真、李伯钊、钱希均、陈慧清、廖似光、谢飞、周越华、邓六金、金维映、危拱之、王泉媛、李桂英、甘棠、危秀英、谢小梅、钟月林、吴富莲、杨厚珍、萧月华、李建华、曾玉、刘彩香、邱一涵、吴仲廉。在这30人中,有10人是中央苏区领导的配偶,剩下20人则符合以下条件:一、必须是共产党员;二、工作能力突出,善于做群众工作;三、身体强壮。就是这样一群女战士,组成了以李桂英为指导员的担架队,她们克服难以想象的困难,在艰苦的行军中用柔弱的肩膀扛起战友们的生命。长征刚开始时,需要担架的战士并不多,她们的任务也不算重。但随着战斗的逐渐深入,红军伤病员越来越多,担架队也越拉越长,且所经地区的自然环境日益恶劣,粮食、医药等物资日益匮乏,这使得她们不得不付出极大的辛苦,才能保证担架上的红军战士的安全。她们往往忍饥挨饿,将仅有的食物留给伤员,互相帮扶,共渡难关,留下了许多感人的故事。身高只有1.45米的危秀英,经常抬着比自己的体重重一倍的战友行军。当担架连的另一位女战士邓六金身患重病,大部队决定将她留在当地老乡家里时,危秀英主动带着她一起艰难赶路。在危秀英的精心照料下,邓六金终于痊愈,赶上了大部队。还有耐心的王泉媛。有一次她抬着一个大个子重伤员,由于他伤势过重,道路颠簸,剧痛难忍,经常发脾气。有一天宿营,王泉媛端着饭去喂这名伤员,没想他竟然大手一挥,连勺带碗打翻在地。这可是来之不易的粮食啊。王泉媛强忍泪水,将饭从地上拾起来,与邓颖超一起耐心劝说,这才使伤员平静下来,把饭吃了。

其他部队对参加长征女性的遴选,并不像中央红军那样严格。红二十五军的女战士最少,只有周东屏、戴觉敏、余国清、田喜兰、曾纪兰、张桂香、曹宗楷7名女护士随军长征。由于是"白衣天使"的缘故,她们被战友亲切地称为"七仙女"。红二方面军长征出发时,队伍中有21名女性:李贞、陈琮英、戚元德、陈罗英、马忆湘、周雪林、蹇先任、蹇先佛、曾纪林、胡越强、张四妹、伍秋姑、石芝、马积莲、范庆芳、杜玉珍、秦金美、朱国英、张金莲、尹菊英、李智。她们当中有干部、机要员、宣传员、护理员、炊事员，分散在各个不同的连队。

女战士参加长征人数最多的，还要属红四方面军。早在 1933 年，红四方面军就组建了一支"妇女独立营"，这也是第一支正规的红军妇女武装，后又扩编为"妇女独立团"。1935 年 2 月，为迎接中央红军入川，红四方面军把从川陕革命根据地撤到苍旺的女战士，同妇女独立团结合起来，整编为有 2500 余名战士的"妇女独立师"，张琴秋任师长，曾广澜任政委。这支妇女独立师，巾帼不让须眉，作战勇敢，在长征路上屡建奇功。1935 年 4 月，独立师第一团驻守剑阁，师长张琴秋派人刺探敌情后，带领队伍伴装败退，诱敌深入。当敌军上当得意忘形，正吸食鸦片吞云吐雾之际，英勇的女战士们趁势发起猛攻，一举将敌一个旅全部击溃。此外，独立师还担负着护理伤员、修路架桥、筹集粮草、政策宣传等任务，为红军长征胜利做出了重大贡献。但战争是残酷的，很多女战士连姓名都没有留下就牺牲在艰苦行军、血战沙场的长征路上，还有一部分人参加"西路军"，埋骨祁连山，只有少数人随红军主力到达了陕北延安。前面图中那只红四方面军女战士过雪山时穿的防滑鞋，便是她们克服重重困难，高扬革命乐观主义精神的历史见证。

参加长征的女红军战士同男同志一样，艰苦行军，血战沙场，但她们面临的困难要比男同志多得多。首先是生育问题。长征出发前，有些女同志已经怀孕了，但谁也没想到征途漫漫，遥遥无期。她们往往在行军宿营，甚至在枪林弹雨中分娩，有的早产，有的流产，有的就算顺利生下来，比如贺子珍，也只能把孩子留给当地老乡抚养，强忍母子分离之痛。其次，长征途中，特别是过了遵义以后，自然环境日益恶劣，体弱的女同志更容易受到疾病的侵袭。如果因此一旦掉队，将要独自面对皑皑雪山、茫茫草地，还有如狼似虎的敌人，往往是九死一生。因此，不到万不得已，她们一定会克服各种困难，跟上部队。有一位藏族女红军战士姜秀英，在过雪山时脚趾被冻坏了，她为了不掉队，竟然用斧头把自己溃烂的脚趾砍掉了。

在看到女红军战士刚强、勇敢的同时，我们也应看到她们的脆弱的一面。她们既有对甜蜜爱情的向往，也有与爱人花前月下两相依偎的憧憬。但无休止的战争，日夜兼程的急行军，她们与爱人总是聚少离多，只能将爱和思念埋藏在心底。当时有个叫张吉兰的女战士同丈夫一起参加了长征，丈夫在先锋团当连长。由于平时很难见面，她总是为丈夫的安全担心，每次经过丈夫参加战斗的战场，都要仔细翻看牺牲战士的脸，以确定有没有自己的丈夫。然而这一天还是到来了，当她在血泊中发现了已经没有呼吸的丈夫时，从包里拿出一把牙刷说道："他的牙有毛病，不刷不行。"敌兵正在迫近，在大家的不断劝慰下，她才将丈夫的衣衫整理好，起身含泪告别。

毛泽东曾说："假如中国没有占半数的妇女的觉醒，中国革命是不会胜利的。"对那些敢于战天斗地，付出重大牺牲的长征女战士，历史是不会忘记她们的。

黄镇与长征漫画

漫画创作堪称长征途中精彩的一笔。这些漫画以新颖的形式和不同的视角展现了红军战士作战、行军及生活的方方面面，表现了他们崇高的革命乐观主义精神。它们的作者是黄镇。

黄镇(1909—1989)，学名士元，安徽桐城(今枞阳)人。黄镇一生有多重身份，既是将军，又是外交家，还是一名艺术家。毛泽东称他"能文能武"。黄镇出身于农民家庭，幼年时因为经常给一位擅长书画的老先生磨墨展纸，所以逐渐喜欢上了绘画。1925年，黄镇先后入上海美术专科学校、上海新华艺术大学学习，毕业后回枞阳任浮山公学(今安徽省浮山中学)美术教员，后来因支持进步学生而被解职。1930年，黄镇弃笔从戎，到冯玉祥的部队任中尉参谋。1931年，黄镇参加了著名的"宁都暴动"，加入中国工农红军，在第五军团政治部当宣传干事，并兼任红军猛进剧社社长。

1934年，黄镇随中央红军参加长征，被调至总政治部工作，依然从事文艺宣传。长征途中，黄镇充分发挥自己的文艺特长，创作了大量的活报剧、话剧、歌剧。在红一、红四方面军会合时，黄镇带领猛进剧社和火线剧社成员创作演出了活报剧《破草鞋》。故事的主要情节大致是国民党追兵赶到金沙江岸边后，红军早已完成渡江，远走高飞，敌人只在岸边捡了几只红军丢下的破草鞋，蒋介石懊恼不已。《破草鞋》在讽刺国民党军队不堪一击形象的同时，有力地歌颂了红军战士英勇无比的革命气概，被誉为"长征名剧"。黄镇在长征途中最值得称道的地方是创作了大量的美术作品。他不仅为《红星报》画插图,还用画笔将沿途发现的激动人心的战斗生活、触动心灵的人物事迹,以及少数民族地区的风光习俗都画了下来。严格来讲,当时的环境是不具备绘画条件的,最主要的困难不是没有时间,而是没有绘画的工具,在一些贫困地区想要找到一支能用的笔和一张完整的纸都十分困难。黄镇克服各种困难,想尽一切办法,为我们留下了这些罕有的见证长征历史的漫画。黄镇的书包里装着很多绘画的工具。纸笔有的是从小商贩那里买的,有的是从地主家里搜来的,还有的是战友送的。既有铅笔,也有毛笔。纸张则是五颜六色,除了普通的白纸外,还有一些人家办喜事时用的红纸,甚至还有人们祭祀时用的黄纸。墨主要是用锅灰和烟囱灰做成的。漫漫长征路上,年轻的黄镇就这样一路走一路画,大概画了四五百张。可在长时间艰苦行军的环境下,有的画遗失了,有的画被日晒雨淋难以保存,以致我们今天看到的只有《长征画集》中的 24 幅漫画。

画集原名《西行漫画》,1938 年由在上海孤岛的作家阿英(钱杏邨)首次编辑出版。因当时斯诺的《西行漫记》中文版刚刚发行,且正值国共合作时期,不宜用长征字眼,便采用了这个书名。直到 1958 年重印时,没有人知道漫画的作者是谁,只能凭记忆判断是当年在红军第五军团中做宣传工作的同志,后来才知道是黄镇。1962 年由人民美术出版社再版时,《西行漫画》改名《长征画集》。这 24 幅漫画只占黄镇长征作品中很小的一部分。漫画中,既有皑皑的雪山,也有草地的篝火;既有神采奕奕的红军领导,也有勇敢乐观的普通战士。它是长征的片断纪录,是人们了解长征的真实史料。阿英曾在《西行漫画》的叙记中写道:"虽只是二十四幅漫画,却充分表白了中国人民的伟大、坚实,以及作为民族自己的艺术。在斗争与苦难之中开始成长。在中国漫画中,请问有谁表现过这样伟大的内容,又有谁表现过这样韧性的战斗?刻苦、耐劳,为着民族的解放,愉快地忍受着一切,这是怎样的一种惊天地、动鬼神的意志。非常现实的、乐观的在绘画中,把这种意志表达出来,是从这一束漫画始。"

24幅漫画是《夜行军中的老英雄》《过湘江》《遵义大捷》《贵州苗家女》《川滇边干人之家》《贵州、四川的干人儿:背盐人》《彝族向导》《红军彝族游击队》《安顺场》《泸定桥》《炮铜岗之夜》《翻越夹金山》《下雪山的喜悦》《在藏族的村寨里》《三种锅》《牦牛》《草叶代烟》《磨青稞》《烤饼》《背干粮过草地》《草地宿营》《草地行军》《董振堂同志》《到了岷县哈达铺》。

黄镇的长征漫画内容广泛,取材丰富。右上图这幅《夜行军中的老英雄》被陆定一称为"红军艺术史上的一帧杰作"。长征途中,年近五旬的林伯渠,不管白天还是黑夜总是左手提着马灯、右手拄杖行军,黄镇被老英雄"手举马灯照万人"的光辉形象所感动,便画了此画。

左下图这幅《川滇边干人之家》刻画了川滇边界一家干人(即穷人)的悲惨境遇。黄镇在画稿上写道:"永远忘不掉的事实!三月的天气,要是

晴天,云南地方已经相当热了。但是,接连几天毛毛雨,还有几分寒气哩。这一天还是小雨不断地下着,部队在一个村子里休息。我们跑进一家屋里,不由得吓了一跳。原来一家四口,一个中年妇女,衣服破得下身都无法遮盖了,还有个十五六岁的女孩子,赤身裸体靠在她父亲的背后,难道他们不感觉害羞吗?什么

害羞？她们一天连一顿饭还难哩！老汉今年65岁，身上穿着一件破烂的单衣，坐在地下一块狗皮上，旁边烧着一堆火，唉声叹气，向我们说了许多苦处。他的深凹的老眼里流泪了。我们许多同志都很好地安慰了他一顿，并送给他们一些绸子和布。他开始不肯要，经过我们再三解释，他才高兴地收下。"

左上图这幅《磨青稞》是部队在毛儿盖期间，大家都找石磨磨青稞，准备过草地的干粮。黄镇和战友吴彪找来找去，只找到上半片磨。于是他们想办法用马刀在一块石头上凿齿，加工成下半片磨。两人就靠着这个"小石磨"，磨了很多过草地要带的干粮。黄镇还在《磨青稞》的画稿上写道："过草地前自己磨青稞麦，磨子虽小，一天一夜可以出三十多斤。"长征途中，很多战士都像黄镇他们这样，想方设法克服各种困难，战胜敌人和天险。

右下图这幅《烤饼》画的是一名经过长途跋涉走出草地的红军战士，在一家藏族同胞的房屋里正高兴地烤饼子。画面上写着："青稞麦粉做的饼子，在番民区域，算是我们最上等的食品了。"黄镇还在画面下方幽默地写下"最后一锅"四个字。

长征途中，红军战士勇往直前、不怕牺牲、艰苦奋斗的精神触发了黄镇的创作激情。黄镇后来回忆画画的缘由时说："我画画，是生活的纪实，是情感的表达，从来未想过编辑出版。在长征艰苦的行程中，许多难忘的场面、动人的事迹、英雄的善举，我仅仅做了一点勾画，留下一点笔迹墨痕。"而这"一点笔迹墨痕"，见证了长征烽火，展现了长征精神，是对那段艰苦岁月的致敬。

长征大事记

1934 年

1月中旬　中共临时中央在瑞金召开六届五中全会,博古主持会议并作报告,将"左"倾错误发展到顶点。

3月　鄂豫皖根据地的红二十五军与红二十八军在商城县东豹岩胜利会合。会合后,两个军加上老红二十五军进川路上留下的伤员,重新整编为红二十五军,由徐海东任军长,吴焕先任政治委员。后来,中央为了加强对红二十五军的领导,派程子华任军长,徐海东改任副军长。

4月中旬　国民党军队集中优势兵力进攻中央根据地的北大门广昌。博古、李德不顾敌强我弱的实际情况,调集红军主力坚守。在历时18天的战斗中,红军毙、伤、俘敌2600余人,而自身伤亡高达5000余人。4月28日,广昌失守。

5月14日　在湘鄂川黔边活动的红三军,越过川黔边界的鸡公岭、凉风丫山口,进入黔东。在黔东期间,成立了以夏曦、贺龙、关向应、卢冬生为委员的中华苏维埃共和国湘鄂川黔革命军事委员会。

5月　广昌失守之后,中央红军在根据地内粉碎国民党军队的第五次"围剿"已极少可能。中央书记处做出决定,准备将中央红军主力撤离根据地,并将这一决定报告共产国际。6月25日,共产国际复电同意转移。但是,中共中央和中革军委领导人仍没有适时做出转变战略方针的决断,战略转移的准备工作只在极少数中央领导人中秘密地进行。为筹划战略转移事宜,成立了由博古、李德和周恩来组成的"三人团"。政治上由博古做主,军事上由李德做主,周恩来负责督促军事准备计划的实施。

7月初　中共中央为了反对日本帝国主义的侵略,冲破国民党对中央苏区的"围剿",决定以红七军团组成中国工农红军北上抗日先遣队,以寻淮洲任军团长,乐少华任政治委员。

7月7日　红七军团在红九军团的护送下,从瑞金出发,经长汀、清流、永安,7月19日攻占大田,8月1日,攻占福州外围重镇水口。这时,部队正式宣布对外以"中国工农红军北上抗日先遣队"的名义活动。

7月15日　中华苏维埃共和国中央政府和中国工农红军革命军事委员会发表《为中国工农红军北上抗日宣言》,宣布了"派遣抗日先遣队北上抗日"的行动,表示"中国工农红军北上抗日先遣队愿意同全中国的民众与一切武装力量联合起来共同抗日,开展民众的民族革命战争,打倒日本帝国主义"。

7月23日　中共中央和中革军委命令红六军团离开湘赣根据地,转移到湖南中部开展游击战争,并同红三军取得联系。由任弼时、萧克、王震组成的军政委员会,于8月7日率红六军团9700多人由横石和新江口地区出发,突围西征,开始战略转移。

8月5日　国民党对中央革命根据地进行第五次"围剿"的北路军,在占领了广昌和广昌以南的大寨垴一带的红军阵地后,集中9个师的兵力,在飞机、大炮的强大火力支援下,向广昌以南、驿前以北地区发动进攻。8月6日在高虎垴、半桥,8月13日在万年亭,红军凭借步枪、手榴弹、大刀,击退了敌人的多次集团冲锋,红军亦伤亡2300人,不得不于8月27日放弃驿前以北的全部阵地。高虎垴、万年亭防御战,完全是近距离开火的"短促突击"、节节抵御的阵地战,是第五次反"围剿"中阵地战发展的最高峰。

8月7日　为了扩大影响,吸引国民党对中央革命根据地进行第五次"围剿"的东路军主力,由红七军团组成的北上抗日先遣队向福州敌军发起进攻,激战两昼夜,未能攻克福州,红军向闽东游击区转移。途中,在叶飞、阮英平、范式人等领导下的中共闽东地下党和游击队的配合下,北上抗日先遣队一举攻克罗源县城,全歼守敌1000余人。红军在闽东得到补充,安置了几百名伤病员。8月16日,北上抗日先遣队奉命离开闽东游击区,沿闽浙边境向闽北前进,9月初到达闽北苏区。

8月12日　红六军团在桂东县的寨前圩召开连以上干部誓师大会,庆祝突围胜利。根据中革军委指示,由任弼时正式宣布成立红六军团领导机关,萧克任军团长,王震任政治委员,张子意任政治部主任,李达任参谋长。

9月4日　红六军团在全县以南的界首地区渡过湘江,占领西延县城。

9月下旬　广昌失守后,根据地日益缩小,军力、民力和物力消耗巨大。红军虽经顽强抵抗,但节节失利,陷入困境。中央根据地仅存瑞金、会昌、于都、兴国、宁都、石城、宁化、长汀等县的狭小地区。

9月　在中央红军准备实行战略转移的同时,中共中央两次指示鄂豫皖省委设法摆脱困境,开辟新的根据地。程子华到鄂豫皖根据地传达中央的指示。

9月　红四方面军粉碎了以刘湘为首的四川军阀的六路围攻,先后收复巴中、南江、旺苍,直逼广元城下;9月22日又克阆中、苍溪。至此,北起广元,南至阆中的嘉陵江东岸地区均被红军收复,红四方面军恢复和扩大了川陕革命根据地。

10月5日　中共中央、中革军委派潘健行(潘汉年)、何长工为代表,同陈济棠的代表在寻乌进行会谈,达成就地停战、互通情报、解除封锁、相互通商和必要时相互借道等五项协议。

10月7日　中革军委命令红二十四师及地方部队接替主力红军防务,主力红军第一、第三、第五、第八、第九各军团,先后向兴国、于都、会昌地区集中,准备突围转移。

10月10日晚　中央红军开始实行战略转移。中共中央、中革军委机关也由瑞金出发,向集结地域开进。10月16日,各部队在于都河以北地区集结完毕。从 17 日开始，中央红军主力五个军团及中央、军委机关和直属部队共 8.6 万余人，踏上战略转移的征途。留下的红二十四师和十多个独立团等共 1.6 万余人及部分党政工作人员，在项英、陈毅等领导下，在中央根据地坚持斗争。

10 月 11 日 中央革命军事委员会发布命令，将中革军委、红军总司令部及其直属队组成第一野战纵队，由叶剑英任司令员；将中共中央机关、政府机关和军委后勤部、卫生部、工青妇机关组成第二野战纵队，李维汉任司令员兼政治委员，邓发任副司令员兼副政治委员，他们与主力红军所组成的野战军共同行动。

10 月上旬 中共中央决定红军长征后在中央苏区成立中共中央分局和中华苏维埃共和国中央政府办事处。中央分局由项英、陈毅、贺昌、邓子恢、张鼎丞、谭震林、梁柏台、陈潭秋、毛泽覃、汪金祥、李才莲等同志组成，项英任书记；中央政府办事处由陈毅任主任，梁柏台任副主任。10 月 22 日，又成立了中央革命根据地军区，项英任军区司令员兼政委，贺昌任政治部主任，划定瑞金、会昌、于都、宁都之间的三角地带为基本游击区，率领地方红军共约 3 万人坚持游击战争。

10 月 21 日晚 红一方面军主力在于都开始突围，以第一、第九军团为左翼，第三、第八军团为右翼，第五军团担任后卫，掩护庞大的中央领导机关转移。到 10 月 25 日，渡过信丰河，通过国民党军第一道封锁线。

10 月 24 日 红六军团与红三军主力在贵州省印江县的木黄会师，当晚转移到松桃县的石梁。10 月 26 日，在四川酉阳县南腰界举行庆祝会师大会。两支部队会师后即进行整编,统一调配干部。红三军恢复红二军团的番号,贺龙任军团长,任弼时任政治委员,关向应任副政治委员,萧克、王震仍分任红六军团军团长、政治委员,统一指挥两军团的行动。同时,成立中共黔东特委,重组黔东独立师。红二、红六军团会师后,在任弼时、贺龙、关向应等领导下统一行动,向湘西的永顺、保靖、龙山、桑植、大庸等地挺进。

10月间　北上抗日先遣队(红七军团)从福州地区移师北上后,先后攻占罗元、庆元、常山等地,但遭到优势敌军的围攻,被迫转入闽浙赣边根据地,与方志敏领导的红十军会合。11月4日,中央军委指示红七军团与红十军合编为红十军团,红七军团编为第十九师,红十军和地方武装编为第二十师、第二十一师。全军近万人,继续担负抗日先遣队的任务,分两路北上。红十军团由刘畴西任军团长,乐少华任政治委员,粟裕任参谋长,刘英任政治部主任。后来又成立以方志敏为主席的军政委员会,领导红十军团的行动。

11月5日　红一方面军进入国民党军在汝城、城口间第二道封锁线。11月8日,红一方面军全部由汝城南部天马山及城口间通过国民党军第二道封锁线。

11月7日　红二、红六军团占领湘西永顺县城,随后在永顺县城以北的龙家寨打垮湘西军阀陈渠珍的3个旅,俘敌2000余人,缴获大批军用物资。这一胜利是红三军离开湘鄂西根据地和红六军团西征以来,扭转困难局面的一个重要转折点,为形成和发展湘鄂川黔根据地创造了有利条件。

11月11日　鄂豫皖省委决定由省委委员高敬亭领导部分武装组成红二十八军,坚持鄂豫皖边的游击战争。省委率领由程子华任军长、吴焕先任政治委员、徐海东任副军长的红二十五军共2900余人,以中国工农红军北上抗日第二先遣队的名义,于11月16日从河南省罗山县何家冲出发,向平汉铁路以西转移,开始长征。省委书记徐宝珊,省委常委、执委吴焕先、戴季英、程子华、徐海东、郑位三等随军实施领导。红二十五军在朱堂店以南之罗古寨击退敌"追剿队"第五支队的进攻,向桐柏山区挺进,于11月22日进入桐柏山区。

11月11日　红一方面军一部攻占宜章县城,接着越过粤汉路进入浆水、麻田、梅田,次日经香花岭向临武、嘉禾推进。至11月15日,红一方面军在良田至宜章间全部通过国民党军第三道封锁线。

11月13日　鉴于中央红军西进甚急,蒋介石深恐中央红军渡过湘江,进至桂、黔边境,以何键为"追剿军总司令",所有原西路军各部及北路"中央军"薛岳部及周浑元部,均归其指挥。同时又电令贵州军阀王家烈、广西军阀白崇禧各派得力部队分至湘黔、湘桂边境堵击,妄图消灭红军于湘江以东地区。

11月下旬　红十军团分两路向浙皖边和皖南行动。由于兵力过少,这支部队未能牵动"围剿"中央根据地的敌人,反而孤军深入敌后,陷入同十倍于己的敌人艰苦奋战的境地。

11月27日至12月1日　中央红军在全州以南湘江东岸与敌浴血奋

战。27日,红军先头部队红二师、红四师各一部于兴安、全州之间,渡过湘江,并控制了界首至脚山铺之间的渡河点。大部队因携带辎重过多,行动迟缓,尚未过江即遭到优势敌军的夹击。12月1日,国民党军队发动全线进攻,企图夺回渡口,围歼红军于湘江两岸。红军经整日血战,阻止住敌军的进攻。至当日17时,中央领导机关和红军大部渡过湘江。担任掩护任务的红五军团第三十四师和红三军团第十八团被阻止在湘江东岸,最后弹尽粮绝,大部壮烈牺牲。渡过湘江后,中央红军和中央机关人员由长征出发时的8.6万余人锐减至3万余人。

11月27日　红二十五军从信阳城南越过平汉铁路,进至桐柏山区,在方城的独树镇与敌反复冲杀后,于当日甩开敌人,进入伏牛山区。但伏牛山区反动组织严密,地主围寨甚多,且北临陇海路,创建根据地较为困难,红二十五军不得不放弃在伏牛山区建立根据地的原定计划,继续向陕南前进。

11月　遵照中共中央电示,建立以任弼时为书记的中共湘鄂川黔临时省委和以贺龙为司令员、任弼时为政治委员的湘鄂川黔省军区。同时,成立中华苏维埃共和国湘鄂川黔省革命委员会,由贺龙任主席,夏曦、朱长清任副主席。

12月上旬　中央红军翻越西延山脉的最高峰——越城岭(老山界),进入苗、僮(今壮族)民族地区。

12月12日　中共中央在湖南通道举行紧急会议。毛泽东根据敌我双方的军事态势,建议中央红军放弃北上同红二、红六军团会合的原定计划,立即转兵向西,到敌人力量比较薄弱的贵州去开辟新的根据地。参加会议的张闻天、王稼祥、周恩来等多数同志赞成和支持毛泽东提出的上述转向方针。但李德等人拒不接受。会后,博古、李德仍坚持到湘西去。

12月14日　中央红军占领贵州省黎平县,打开了通向贵州的门户。18日,中央政治局在贵州黎平举行会议。经过激烈争论,毛泽东的建议得到与会多数同志的赞同,会议通过了中央《政治局关于战略方针之决定》。会后,红军经贵州腹地向黔北挺进,连克锦屏等七座县城。

12月16日　红二、红六军团歼敌三十四旅大部。17日,占领桃源,包围湘西重镇常德,牵制敌军10余个师,胜利完成了配合中央红军突围长征的战斗任务。

12月底　中央红军占领乌江南岸的猴场。12月31日晚至次日凌晨,中共中央在猴场召开政治局会议,作出《关于渡江后新的行动方针的决定》。这个决定提出首先在以遵义为中心的黔北地区,然后向川南创建川黔边新的根据地的战略任务。会议还决定,"关于作战方针,以及作战时间与地点的选择,军委必须在政治局会议上作报告",以加强政治局对军委的领导。这个决定,在一定程度上剥夺了博古、李德的军事指挥权。

1935年

1月1日至3日　中央红军在江界河、茶山关、回龙场等渡口分三路强渡乌江。中路军以红四团为前卫,于1月1日到达江界河渡口,进行侦察。2日上午,佯攻老渡口,在上游新渡口强渡,未成。3日上午再次强渡,击溃黔军江防司令林秀生部第五、第六两个团,强渡成功。下午,占领黔军江防司令部所在地猪场(珠藏)。左路军于茶山关渡江,因黔军独立第二师侯之担部第二团未加抵抗,于3日安全渡江,进入尚嵇。右路军于2日在回龙场强渡,击溃侯之担部第八团,当晚进驻篙口。

1月7日　中央红军占领黔北重镇——遵义城。

1月15日至17日,中央政治局在遵义召开扩大会议(即遵义会议)。出席会议的政治局委员有毛泽东、张闻天、周恩来、朱德、陈云、博古,候补委员有王稼祥、刘少奇、邓发、何克全(凯丰),还有红军总部和各军团负责人刘伯承、李富春、林彪、聂荣臻、彭德怀、杨尚昆、李卓然,以及中央秘书长邓小平。李德及担任翻译工作的伍修权,也列席了会议。会议揭发和批评了第五次反"围剿"和长征以来中共中央主要领导人博古和共产国际军事顾问李德在军事领导上的严重错误,通过了《中央关于反对敌人五次"围剿"的总结决议》。决议明确指出,第五次反"围剿"的失败和退出中央苏区后遭到的严重损失,其主要原因是博古和李德在军事指挥上犯了一系列严重错误。决议总结了红军反"围剿"战争的经验教训,肯定了毛泽东等在领导红军长期作战中所形成的基本原则。会议决定:(一)推选毛泽东为政治局常委;(二)指定洛甫起草决议,委托常委审查后,发至支部讨论;(三)常委进行适当的分工;(四)取消三人团,仍由最高军事首长周恩来、朱德为军事指挥者。遵义会议在具有决定意义的军事问题和组织问题上结束了"左"倾冒险主义在中共中央的统治,确立了以毛泽东为代表的中共中央和红军的新的正确领导。

1月19日　中央红军由遵义地区北进,预定夺取川黔边境的土城、赤水县城,相机从四川的泸州和宜宾之间北渡长江。蒋介石急调重兵布防于川黔边境,封锁长江。

1月20日　红军总司令部下达《渡江的作战计划》。同日,军委主席朱德电令各军团"我野战军应迅速向赤水及其附近地域集中,以便争取渡过赤水的先机,在必要时并便于在赤水以东地域与追击和截击的敌人的一路进行决战"。

1月下旬　杨虎城指挥四个旅又三个团的兵力对红二十五军发动第一次"围剿"。红二十五军在葛牌镇全歼杨虎城警三旅,粉碎了第一次"围剿"。红二十五军发展到3700人,开辟了鄂豫陕游击根据地。

1月22日　中共中央政治局和中革军委为红军主力入川电告红四方面军,指出:"为选择优良条件,争取更大发展前途计,决定我野战军转入川西,拟从泸州上游渡江。"指示红四方面军"以群众武装与独立师团向东线积极活动,钳制刘敌,应集中红军全力向西线进攻",迅速集结部队,于最近时期向嘉陵江以西进攻。

1月22日　红四方面军发起广(元)昭(化)战役,突破嘉陵江防线。24日围昭化,27日占广元城郊飞机场,29日又占广元外围五龙堡。但广、昭守敌胡宗南部据城顽抗,红军攻城数日未下,乃主动撤广、昭之围,月底将主力转至嘉陵江东岸。

1月28日　中央红军在土城战斗中因敌军不断增援,再战不利,乃奉命撤出战斗。

1月29日凌晨　中央红军从元厚、土城地区一渡赤水河,挥师西向进至川滇边的扎西集中。

1月　中共陕北特委在周家硷召开第一次工农兵代表大会,成立陕北苏维埃政府。马明芳任主席。1月30日,陕北独立师在安定白庙岔改编为红军第二十七军第八十四师,杨琪任师长,张达志任政治委员。

1月底　红十军团遭到严重损失。寻淮洲牺牲,方志敏被俘。方志敏在狱中写下《可爱的中国》《清贫》《狱中纪实》等,抒发了高尚的爱国主义情怀和对共产主义的坚定信念,表现了坚贞不屈的革命气节。8月,方志敏在南昌英勇就义。红十军团余部在粟裕等领导下,转战闽浙赣边,坚持游击战争。

1月　湘鄂川黔根据地初具规模。2月,根据中共中央指示,成立以贺龙为主席,任弼时、关向应、夏曦、萧克、王震等为委员的军委分会。

2月5日　在红军转战途中,在川滇黔交界的一个鸡鸣三省的村子,中央政治局常委进行分工,根据毛泽东的提议,决定由张闻天代替博古负中央总的责任;决定以毛泽东为周恩来在军事指挥上的帮助者,博古任总政治部代理主任。

同日　中共中央书记处致电项英转中央分局,指出:"应在中央苏区及其邻近苏区坚持游击战争","要立即改变你们的组织方式与斗争方式,使与游击战争的环境相适应";并指示"成立革命军事委员会中区分会,以项英、陈毅、贺昌及其他二人组织之,项为主席"。

2月9日　红一方面军攻占云南省扎西县(今威信县)。中共中央政治局在这里召开扩大会议,讨论红一方面军的进军方向及部队缩编问题。会议决定利用敌人主力和注意力都集中在川南一线,黔北比较空虚的时机,作战方向转向黔北遵义一带,寻找有利战机,在运动战中消灭敌人。

2月10日　中革军委下达《关于各军团缩编的命令》,规定在新的编制中取消师级指挥机构,红一、红三军团各缩编为4个团;红五军团缩编为两个团;红九军团以五分之三的兵员新编1个团并入红五军团,其余五分之二兵员编入红三军团。同日,在扎西县城,中革军委向各军团、军委纵队的营长、科长以上干部传达了遵义会议精神。

2月11日　红一方面军开始离开扎西,突然掉头东进,向敌人兵力薄弱的桐梓、遵义地区前进。

2月16日　中共中央、中革军委发出《告全体红色战士书》,决定停止向川北发展,而在川黔滇三省地区创立革命根据地,并指出:"为了有把握的求得胜利,我们必须寻求有利的时机与地区去消灭敌人。在不利条件下,我们应该拒绝那种冒险的、没有胜利把握的战斗。因此红军必须经常的转移作战地区,有时向东,有时向西,有时走大路,有时走小路,有时走老路,有时走新路,而唯一的目的是为了在有利条件下求得作战的胜利。"同日,中革军委电告红二、红六军团和红四方面军:"我野战军改在川滇黔边区广大地区活动,争取在这一地区创造新的苏区,以与红二、红六军团和红四方面军呼应作战。"

2月18日至21日　川滇敌军从南北两面向扎西逼近,红军决定暂缓执行北渡长江的计划,突然掉头东进,摆脱敌军,二渡赤水,重入贵州,奇袭娄山关,再占遵义城。在遵义战役中,红军取得歼敌2个师又8个团、俘敌3000余人的胜利。这是中央红军长征以来取得的最大的一次胜利,沉重地打击了敌军的气焰,鼓舞了红军的斗志。

2月28日　中共中央书记处发布《中共中央关于冲破五次"围剿"的总结》大纲。

3月4日　中革军委在第二次进驻遵义后设置前敌司令部,以朱德为司令员,毛泽东为政治委员。其后,鉴于作战情况瞬息万变,指挥需要集中,毛泽东提议成立"三人团"全权指挥军事。3月中旬,在贵州鸭溪、苟坝一带,成立由毛泽东、周恩来、王稼祥组成的新的"三人团",以周恩来为团长,负责指挥全军的军事行动。在战争环境中,这是中央最重要的领导机构。

3月16日至17日　蒋介石在打了败仗之后,调整部署,指挥多路敌军向遵义、鸭溪一带合围。红军迅速跳出敌军的合围圈,再次转兵西进,三渡赤水,重入川南。

3月21日　就在蒋介石以为红军又要北渡长江,急忙调动重兵围堵之时,红军突然又挥师东进,折返贵州,于3月21日晚至22日由二郎滩、九溪口、太平渡四渡赤水。

3月27日至31日　中央红军主力于27日从枫香坝至鸭溪之间,突破敌军封锁线,到达大庙场,分两路前进,至翁黄水会合,直指乌江北岸。28日,红军先头部队突破乌江天险。29日至31日,中央红军主力南渡乌江,进抵息烽附近。

3月底　红四方面军为了向四川、甘肃边界发展,配合中央红军在川黔滇边的作战,发起并取得了强渡嘉陵江战役的重大胜利。红四方面军由此打乱敌人的"川陕会剿"计划,控制了嘉陵江以西纵横二三百里的广大新区,部队发展到8万多人,造成极为有利的形势。但是张国焘决定放弃川陕根据地,把原定留守根据地的部队、地方武装和一切后方机关都转移到嘉陵江以西。他采取这一行动,是由于对川陕根据地和整个革命形势做了悲观的估计。他看不到坚持川陕根据地的有利条件和对于策应中央红军的重大作用,认为尾追中央红军的蒋介石嫡系军队会很快进入四川,红军将招架不住,不如主动撤走。张国焘的这种右倾思想,不可避免地要引起红一、红四方面军会师后,在战略行动方向问题上与中央发生严重分歧。这样,红四方面军从渡过嘉陵江以后,便开始了长征。总指挥徐向前,政治委员陈昌浩,副总指挥王树声,辖第四、第九、第三十、第三十一、第三十三军,全军总计10个师20个团,连同妇女独立师、机关学校等共8万余人。

4月5日　中央红军一部佯作东进与湘西红二、红六军团会合,由紫江(今开阳)以南地区快速东进,向瓮安、黄平进攻。

4月7日　中央红军主力乘国民党军主力被调至乌江北岸,向贵阳方向前进。

4月9日　中央红军主力从贵阳、龙里间突破湘黔公路,并在贵阳附近之黄泥哨,与驰援贵阳的滇军孙渡部遭遇。滇军纵队司令官孙渡乘坐的汽车,遭到红军袭击,贵阳震动,蒋介石急电各路军救援。

4月上旬　项英、陈毅在大庾长岭召开干部会议,确定了长期坚持游击战争,保存和积蓄革命力量,准备迎接新的革命高潮的斗争方针。将赣粤边划分为油山、北山、信康赣、南山和上犹崇义五个区,将突围的1300余人分为5个游击大队,分散在各区游击,并以油山为中心建立秘密的交通网。

4月12日　红二、红六军团退出塔卧、龙家寨根据地,向北转移。13日在陈家河渡口一战,消灭国民党第五十八师陈耀汉部一七二旅,击毙旅长李延龄。14日桃子溪一战,又歼敌五十八师师部和一七四旅,师长陈耀汉仅以身免。16日红军乘胜收复桑植县城。

4月25日　中央红军进入云南后,分兵三路西进。

4月28日　蒋介石急电龙云将金沙江巧家至元谋一段之船舶及一切可渡河材料全部毁灭,以防红军渡江。

5月1日　红一方面军主力开始抢渡金沙江。红军分三路抢渡:红一军团抢占龙街渡,红三军团抢占洪门渡,中央军委纵队和红五军团抢占皎平渡。5月3日,红军在皎平渡偷渡成功,全歼对岸守敌,并击溃了川军两个团的增援。由于洪门渡江流太急,龙街渡江面太宽,敌机低飞骚扰,两处均不便渡江。中革军委决定,派少量部队在龙街渡佯作架桥渡江姿态以迷惑敌人,留第十三团在洪门渡过江,红一、红三、红五军团及中央军委纵队全部由皎平渡渡江。从5月3日至5月9日,红军主力在皎平渡依靠7只小船全部渡过金沙江。与此同时,红九军团也在东川以西的树节、盐井坪地区渡过金沙江。至此,红一方面军跳出了几十万敌军围追堵截的包围圈,把尾追之敌全部甩在金沙江以南。

5月7日 红九军团在完成了牵制掩护任务后,在会泽(东川)以西的树节渡过了金沙江,并按中央军委指示,在江边向巧家一线警戒。中央红军渡江后,于5月8日围攻会理城。10日晚,红军第一次爆破会理西北城角未成。14日,第二次爆破会理东关城墙亦未成。会理攻守战历时七天七夜。

5月11日 蒋介石在昆明为阻止中央红军与红四方面军会合,制定封锁中央红军于"金沙江以北,大渡河以南,雅砻江以东地区,根本'歼灭'"的部署,命令川军第二十四军刘文辉部以有力部队固守会理、西昌待援,主力在大渡河上游富林以西,沿大渡河北岸,赶筑碉堡,严防红军北渡;薛岳率吴奇伟、周浑元、李韫珩各部,迅速渡过金沙江左岸,向围攻会理之红军夹攻,以解会理之围,然后进至西昌筑碉,右与昭觉之郭勋祺部,左与盐边、盐源之滇军,连成碉堡封锁线,严防红军南下;另以孙渡纵队取捷径至盐边、盐源后,沿雅砻江两岸筑碉防守,并在水仁、元谋各县沿金沙江右岸筑碉防堵。

5月12日 中央政治局在会理县城附近的铁厂举行扩大会议,讨论军事行动问题。会议决定中央红军继续北上,并对林彪等人怀疑毛泽东的领导、不同意机动作战的主张进行了批评。会议参加者除中央政治局委员、候补委员外,彭德怀、杨尚昆、聂荣臻和林彪也参加了会议。会议讨论了今后的行动方向,决定继续北上,抢渡天险大渡河,到川西会合红四方面军。

5月15日　中央红军撤离会理,沿安宁河谷北上。17日,红军前锋到达德昌,绕道西昌,向大渡河急进。

5月15日　蒋介石在昆明电令川军第二十军军长杨森为大渡河守备指挥,自川南率部于10日内赶赴大渡河布防,并拨二十一军、二十四军各一部归其指挥调遣。

5月19日晚　红一军团到达泸沽。20日中午,红军总参谋长刘伯承在泸沽红一军团司令部传达军委关于继续北上,抢渡大渡河的指示:以红一师一团为先遣队,军团工兵连、炮兵连配属一团指挥,由刘伯承和一军团政委聂荣臻率领,直上冕宁,通过彝族区,迅速抢占大渡河安顺场渡口;又以红二师五团和红三军团十一团组成佯动部队,由一军团参谋长左权和红二师政委刘亚楼率领,越小相岭,经越西,向大树堡挺进,吸引富林之敌,保证主力从安顺场渡河。

5月21日　红九军团通过大凉山彝族地区后,于当日至西昌城北的礼州与红三军团留守部队会合,并接替红三军团防务,担任全军后卫,以掩护主力抢渡大渡河。至此,红九军团在离开主力,转战千里之后,与主力红军会合了。

5月22日　中央红军先遣队从大桥出发,进入彝族地区时为彝民所阻。刘伯承和彝族沽基家支头人小叶丹在彝家海子边,杀鸡饮血,结为盟友。中央红军佯动部队从青杠关出发,在彝族同胞的配合协助下,于当日下午在海棠歼敌两个连,活捉越西县长。

5月23日　中央红军先遣队由小叶丹带路再次进入彝区,受到彝族同胞的热烈欢迎。当晚到达查罗,消灭当地民团,弄清安顺场敌情。中央红军佯动部队经晒西关至大树堡,消灭守敌一连,夺得渡船一只。红军在大树堡佯作渡河准备,扬言"攻打富林,进军雅安,解放成都"。

5月24日　中央红军先遣队决定夜袭安顺场,于当日午后从查罗出发,晚10时赶到安顺场,消灭安顺场守敌两个连,夺得渡船一只。当日,中央军委纵队由冕宁出发,经大桥,过彝区,至拖乌宿营。

5月25日　中央红军先遣队红军一团一营二连17名勇士,由连长熊尚林率领,乘木船战胜激流骇浪和对岸敌军阻击,自安顺场强行渡过了大渡河。后续部队陆续渡河,扩大战果,巩固阵地。当日,中央军委纵队由拖乌到达查罗。

5月26日　中央军委纵队抵达安顺场。鉴于大渡河水深流急,不能架桥,且渡船缺少,大部队不能速渡,中央军委决定:以渡河的红一师和干部团组成右路军,由刘伯承、聂荣臻指挥,沿河东岸北上;以红二师为左路军,由林彪、罗荣桓指挥,沿河西岸北上,主力随左路跟进;两路夹河而上,直取泸定桥。当日,红军佯动部队由大树堡向安顺场转移。

5月26日　蒋介石偕宋美龄、顾问端纳由重庆飞赴成都"督剿"红军,声称要红军"做第二个石达开",吹嘘四川军阀是"再世的骆秉璋"。

5月27日　蒋介石命令以第五十三师李韫珩部和川军刘元璋师编为第二路军第五纵队,以李韫珩、刘元璋为正副司令官。28日,薛岳电令刘元璋除留一团守备西昌外,主力向泸沽、冕宁追击红军。

5月28日　中革军委命令左路军于29日夺取泸定桥。红军总司令朱德发布关于占领泸定桥的部署,致电红三、红五、红九军团。

5月29日　红军左路军先头团(红四团)冲破敌军阻拦,以一天一夜急行军240里的速度,赶到泸定桥西头。当日下午4时,红四团一营二连22名英雄,在连长廖大珠的率领下,冒着敌人的炮火,冲过铁索桥,攻占东岸桥头堡。红军后续部队跟进,迅速击溃守敌,占领泸定桥。右路军亦攻击前进,至铁丝沟、石门坎,与增援泸定城之敌一个旅遭遇,将敌击溃,于当日晚与左路军会师泸定城。

5月30日　中革军委率领中央红军主力从泸定桥渡过了大渡河,到达泸定城。当日晚中共中央召开泸定桥会议,参加者有毛泽东、周恩来、朱德、张闻天、王稼祥、陈云等。会议决定:一、红军北上走雪山草地一线,避开人烟稠密区;二、派陈云去上海恢复白区党的组织。

5月下旬　红四方面军总部命令红三十军政委李先念率领该军第八十八师和红九军第二十五、第二十七师各一部,由岷江地区兼程西进,策应中央红军北上。

6月2日　中央红军全部渡过天险大渡河,从泸定城出发继续北上。接着在天全河击溃川军杨森部的堵截,占领天全、芦山、宝兴等城。

6月12日　中央红军先头部队红二师四团自硗碛村出发,翻越长征途中的第一座大雪山——夹金山,在达维镇附近的木城沟土桥上与红四方面军第二十五师第七十四团胜利会师。

6月14日　中共中央和中革军委到达达维镇,当晚两个方面军举行了会师庆祝大会。

6月16日　朱德、毛泽东、周恩来、张闻天为建立川陕甘三省苏维埃政权致电红四方面军,指出:"今后我一、四方面军总的方针应是占领川陕甘三省,建立三省苏维埃政权。"

6月17日　张国焘、陈昌浩不同意向东向北发展的川陕甘方针,复电中共中央,认为"北川一带地形给养均不利大部队行动","敌已有准备"不宜过岷江东打。他们提出向西发展,"组织远征军,占领青海、新疆"。

6月18日　中央红军全部集中于懋功、两河口之线。中共中央和中革军委致电张国焘等,指出:"目前形势须集中火力首先突破平武,以为向北转移枢纽。"

6月20日　中共中央和中革军委致电张国焘,指出:"从整个战略形势着想,如从胡宗南或田颂尧防线突破任何一点,均较西移作战为有利",

并要求张国焘"立即赶来懋功,以便商决一切"。

6月23日　红二、红六军团与中革军委电讯联络中断。

6月26日　中共中央政治局为统一战略方针,实现北上建立川陕甘根据地的主张,在懋功的两河口举行会议。参加两河口会议的有毛泽东、张闻天、周恩来、王稼祥、朱德、博古、刘少奇、凯丰、刘伯承、彭德怀、林彪、聂荣臻、邓小平、林伯渠、李富春和张国焘。会议首先由周恩来代表中共中央和中央军委作报告,着重说明了战略方针、战略行动和战争指挥问题。张国焘主张依托懋功地区向川康边发展,认为北有雪山、草地,胡宗南部有20余团兵力,北上"站不住脚";并就中央红军第五次反"围剿"的失败攻击中央,要求改组中央和中央军委。中央政治局其他同志一致同意周恩来的报告,进一步说明了北上方针的正确性,并强调红军应由中央军委统一指挥。6月28日,根据会议精神作出的《中共中央政治局决定——关于一、四方面军会合后的战略方针》指出:红军应集中主力向北进攻,以创造川陕甘苏区,为此必须坚决反对当前的主要危险——避免战争、退却逃跑以及保守偷安、停止不动的倾向。

6月27日　中央红军先头部队越过第二座大雪山——梦笔山,到达马尔康的卓克基。

6月29日　中央政治局常委会议决定增补张国焘为中革军委副主席。同日,中革军委根据两河口会议所确定的战略方针,制订松潘战役计划,准备乘国民党军胡宗南部尚未完全集结、部署就绪的时机,红一、红四方面军协同作战,消灭胡宗南部,控制松潘地区,打开北上甘南的通道。

7月1日　张国焘参加两河口会议后,返回红四方面军总部杂谷垴(今理县),借口组织问题没有解决,延宕部队行动,并挑拨红一、红四方面军关系,对中央慰问团实行封锁。当日,张国焘致电中共中央,提出"统一指挥的组织问题"。

7月2日　中央红军翻越第三座大雪山——长板山。

7月2日　红二十五军在定家沟口全歼杨虎城警一旅,毙伤敌军300余人,俘敌旅长唐嗣桐以下1400余人,缴枪千余枝。

7月6日　中央红军翻越第四座大雪山——打鼓山。

7月7日　中央红军翻越第五座大雪山——拖罗岗(又名仓德山)。

7月9日　张国焘以"川陕省委"名义致电中共中央,提出改组红军总司令部,要求陈昌浩任红军总政委。

7月10日　红一、红四方面军先头部队到达毛儿盖,守敌胡宗南部一个营被缴械,红军俘敌300余人,缴获轻重机枪36挺、电台1部。

7月18日　在张国焘的策动下,陈昌浩提出"集中军事领导",否则"无法顺利灭敌",提出由张国焘任军委主席、朱德任前敌指挥。中共中央坚决拒绝张国焘等人的无理要求,但为了照顾红军的团结,于7月18日任命张国焘为红军总政治委员。

7月中旬　红二十五军北出终南山,转到外线作战,前锋直达西安南面之王曲、杜曲、引驾回、子午镇一带,西安为之震动。在子午镇,鄂豫陕省委从《大公报》上得悉中央红军和红四方面军在川西北会师,并继续北上。省委在子午镇以西的佛坪召开紧急会议,决定红二十五军当前的行动方针是积极配合主力红军北上,牵制敌人。会议决定在陕南留下部分红军,由郑位三(陕南特委书记)、陈先瑞领导,维持鄂豫陕游击根据地,红二十五军主力西征,向甘南挺进,以迎接中共中央和红一、红四方面军北上。

7月中旬　自5月上旬以来,陕北红军在刘志丹等指挥下,以陕北根据地为依托,先后攻占延长、延川、安定、安塞、靖边、保安(今志丹)等6座县城,歼敌5000多人,胜利地粉碎了敌人的第二次"围剿",打通了陕北和陕甘边两苏区的联系。陕北主力红军扩大到5000人,游击队发展到4000人,根据地面积约30万平方公里,人口90多万。

7月21日　中央政治局在芦花(今黑水城)召开会议,批评张国焘的错误。会后,张国焘率红四方面军北上向毛儿盖集中。同日,中革军委决定红四方面军总指挥部为红军的前敌总指挥部,徐向前兼总指挥,陈昌浩兼政治委员,叶剑英任参谋长。将红一方面军第一、第三、第五、第九军团,改称第一、第三、第五、第三十二军;红四方面军第四、第九、第三十、第三十一、第三十三军的番号照旧。由于张国焘的拖延,原定的松潘战役计划因敌情变化不能实现,红军不得不改道经自然条件极为恶劣的草地北上。

7月25日　共产国际在莫斯科召开第七次代表大会,批准了中国共产党代表团提出的关于在中国建立反对日本帝国主义及其在中国的代理人的广泛统一战线的方针。

7月26日　皮克在共产国际"七大"上作《关于共产国际执行委员会工作》报告,肯定了中国红军的长征,说中国红军虽然"不得不离开江西原中央苏区,但是它却粉碎了帝国主义者和中国军阀企图围歼中国红军的计划","中国红军的主力出色地完成了向四川省的转移,这足以表明苏维埃中国进一步发展的广阔前景"。

8月1日　中国共产党驻共产国际代表团根据共产国际第七次代表大会制定的方针,以中国苏维埃政府和中国共产党中央的名义,发表《为抗日救国告全体同胞书》(即《八一宣言》)。宣言提出停止内战、一致抗日救国,组织国防政府和抗日联军的政治主张,号召集中一切国力(人力、物力、财力、武力等),为抗日救国的神圣事业而奋斗。《八一宣言》最早刊载于1935年10月1日中共在巴黎出版的中文《救国报》第10期上。

8月1日　红二十五军到达陕甘交界的凤县双石铺,歼敌4个连,俘敌少将参议。接着,红二十五军进攻天水,因敌增援乃转向凤凰山、沿河镇,强渡渭水,攻下秦安,挺进通渭,威逼静宁,进抵静宁城北50里之兴隆镇。红二十五军转战甘南,因得不到中共中央和红一、红四方面军的确切消息,于是鄂豫陕省委决定去陕北,会合刘志丹领导的陕北红军。

8月3日　由于张国焘拖延北上时间,松潘战役计划不能实施。鉴于敌已形成对红军南北夹击的态势,企图围困和消灭红军于岷江以西、懋功以北的雪山草地地区。红军不得不改变松潘战役计划,改向夏河流域前进。

8月4日至6日,中央政治局在毛儿盖附近的沙窝召开会议,讨论形势与任务。会议重申两河口会议确定的北上战略方针,强调创造川陕甘根据地是当前红一、红四方面军面临的历史任务;为此,要进一步加强党对红军的绝对领导,维护两个方面军的团结。5日,中央政治局草拟了《中央关于一、四方面军会合后的政治形势与任务的决议》,6日会议通过了这个决议。决议分析了红一、红四方面军会合后的形势,指出"一、四方面军两大主力在川西北的会合,造成了中国苏维埃运动在西北极大胜利的前途";决议重申了两河口会议决议的正确性,指出"创造川陕甘的苏区根据地,是放在一、四方面军面前的历史任务";决议强调提高党中央在红军中的威信,加强红一、红四方面军的兄弟团结;决议号召党和红军,与企图"远离敌人""避免战斗",对创造新根据地缺乏信心的右倾机会主义作斗争。决议指出,在红军中必须纠正对革命前途悲观失望的右倾错误。会议还决定恢复红一方面军总部,由周恩来任红一方面军司令员兼政治委员。

8月15日 沙窝会议后,中革军委为贯彻夏洮战役计划,北出夏河、洮河流域,决定红一、红四方面军混合编组,组成左、右两路军过草地北上。右路军由红一方面军之红一、红三军(即红一、红三军团)和红四方面军之红四军、红三十军以及中央军委纵队一部及新成立的红军大学组成,由前敌总指挥部(总指挥徐向前、政治委员陈昌浩、参谋长叶剑英)指挥,中共中央随右路军行动。右路军以毛儿盖为中心集结,过草地,向班佑、巴西开进;左路军由红一方面军之红五、红二十二军(即红五、红九军团)

和红四方面军之红九、红三十一军、红三十三军以及中央军委纵队一部组成,由红军总司令部(总司令朱德、总政治委员张国焘、总参谋长刘伯承)指挥。左路军以卓克基为中心集结,向阿坝地区开进。并且决定左路军到达阿坝后,东进到班佑、巴西地区向右路军靠拢,而后齐头并进,向甘南前进。当日,左路军从卓克基出发,向阿坝地区开进。

8月15日,中共中央致电张国焘,指出不论从敌情、地形、气候、粮食任何方面考虑,红一、红四方面军主力均宜经班佑北上,万不宜再事迁延,致误大计。张国焘不执行沙窝会议的北上战略方针,并对坚决拥护中央北上方针的朱德、刘伯承极力加以排斥。

8月19日　中央政治局在沙窝召开常委会议,鉴于周恩来病重,决定由毛泽东负责军事工作。

8月20日　中共中央政治局和中革军委在毛儿盖召开会议。出席这次会议的有毛泽东、张闻天、王稼祥、博古、陈昌浩、徐向前、凯丰、邓发、李富春、聂荣臻、林彪、李先念等。会议听取了毛泽东关于夏洮战役计划的报告。会议通过了这个报告,并决定立即组织实施夏洮战役计划。

8月21日　右路军从毛儿盖出发,历时数日越过杳无人烟的茫茫草地,到达四川省的班佑、巴西、阿西地区,等待左路军前来会合。

8月24日　胡宗南发现红军过草地北上,电令所部第四十九师由漳腊向包座疾进,在包座河一线堵击红军东进北上。

8月29日至31日　红军右路军第三十军于29日发起包座战斗,全歼堵击红军北上的胡宗南部第四十九师,攻占上下包座,打开了进军甘南的门户。

8月底　红军右路军全部越过草地,到达班佑、巴西、阿西地区。

9月1日　毛泽东、徐向前、陈昌浩为促左路军北上致电张国焘,并提出集中主力向东北武都、西固、岷州间打出去的计划。

9月3日　左路军先头部队红五军进抵墨洼附近。张国焘借口墨曲河(一说噶曲河)水涨和草地不易通过,强令部队返回阿坝,并致电中共中央提出要右路军"回击松潘敌,左路军备粮后亦向松潘进"的主张。

9月8日　右路军徐向前、陈昌浩致电张国焘,提出"我们意以不分散主力为原则,左路速来北进为上策,右路南去南进为下策"的意见。

9月8日　张国焘致电左路军中的红四方面军驻马尔康地区的部队,要他们命令正在北上的军委纵队移到马尔康待命,如不听则将其扣留。同日,中央致电张国焘,再次强调指出:如左路军南下,其前途将极端不利。南下沿途均是雪山、老林、隘路,而国民党军队已筑成碉堡,红军绝无攻取的可能;北面反会被国民党军队封锁,断绝退路。南下的川康藏边境,大都是人少粮少的少数民族地区,红军很难在那里立足。而北上则有许多较好的条件,有利于开展抗日的新局面。中央希望左路军立即北上。

9月9日　张国焘无视中央的劝告,致电中革军委,坚持"乘势南下"

的主张。同时,他又背着中央密电右路军政治委员陈昌浩率右路军南下,企图分裂和危害党中央。担任右路军参谋长的叶剑英看到电报,立刻报告毛泽东。毛泽东、张闻天、周恩来、博古等经紧急磋商,为贯彻北上方针,避免红军内部可能发生的冲突,决定率右路军中的红一、红三军和军委纵队迅速转移,脱离险境,先行北上,并发出《共产党中央为执行北上方针告同志书》。红四方面军中有的干部不明真相,主张用武力阻拦,徐向前坚决制止这种行为,维护了红军的团结。

9月11日 中共中央为贯彻北上既定方针,再次电令张国焘"立刻率左路军向班佑、巴西开进,不得违误","中央已决定右路军统归军委副主席周恩来同志指挥,并已令一、三军团在罗达、俄界集中"。

9月12日 中共中央政治局在俄界(今甘肃省迭部县境)召开扩大会议。会议通过了《中央关于张国焘同志的错误的决定》,指出:张国焘反对中央北上的战略方针,坚持向川康藏边境退却的方针是错误的;张国焘同中央的争论,其实质是由于对政治形势的分析与敌我力量估量上存在着原则的分歧。中央号召红四方面军的干部、战士团结在中央周围,同张国焘的错误倾向作斗争,促其北上。鉴于红一、红四方面军已分开,北上红军只有红一方面军主力红一、红三军团,俄界会议同意毛泽东提出的行动方针,决定改变川陕甘计划,经过陕北、甘东北,以游击战争"打通国际联系","首先在苏联边界,创造一个根据地,来向东发展"。俄界会议采纳了彭德怀的建议,决定将北上红军改编为中国工农红军陕甘支队。陕甘支队以彭德怀为司令员,林彪为副司令员,毛泽东为政治委员,王稼祥为政治部主任,杨尚昆为副主任。

9月12日　张国焘致电红一方面军红一、红三军团首长,称"一、三军团单独东出,将成为无止境的逃跑,将来真会悔之无及"。他要求红一、红三军团"速归来",一同南下,说什么"南下首先赤化四川,该省终是我们的根据地"。同日,张国焘电令右路军第四军、第三十军南返。14日,第四军、第三十军自班佑、包座由原北上路线过草地南下。19日前后,到达毛儿盖地区。

9月13日　中共中央率陕甘支队七八千人,离开俄界,沿白龙江右岸通过栈道,向岷山要隘腊子口前进。14日到达麻牙寺。

9月14日　中共中央再次致电张国焘,说明率军北上只是为着实现领导全国抗日的战略方针,并企图以自己的艰苦奋斗,为左路军及右路军之四军、三十军开辟道路,以利于他们北上。中央仍希望张国焘改正错误,率军北上。

9月15日　张国焘在阿坝召开"川康省委扩大会议",并做出决议,认为中共中央北上抗日的方针为"机会主义"和"右倾逃跑",而把南下说成是"进攻路线",并扬言对"经过斗争和教育仍不转变的分子"要给予"纪律制裁"。会上,张国焘策动一些人以突然袭击的方式,威逼朱德、刘伯承接受南下退却的主张,反对中央北上的方针。朱德、刘伯承临大节而不辱,据理驳斥,坚持北上。

9月中旬　中共鄂豫陕省委率领红二十五军3400多人到达陕北延川县永坪镇,同陕甘红二十六军和红二十七军胜利会师。至此,红二十五军历时10个月、转战鄂豫陕甘四省、行程约万里的长征胜利结束。红二十五军和陕甘红军会师,是中国工农红军在西北地区大会师的前奏,为中共中央和红军主力到达陕北铺平了道路。

9月17日 中共鄂豫陕省委和中共西北工作委员会在陕北延川县永坪镇召开联席会议。会议决定,撤销中共西北工委、军委和中共鄂豫陕省委,组建中共陕甘晋省委员会,由朱理治任省委书记,郭洪涛任副书记,统一指挥这个地区的革命斗争。会议还决定,红二十五军、红二十六军、红二十七军合编为红十五军团,由徐海东任军团长,程子华任政治委员,刘志丹任副军团长兼参谋长。中共陕甘晋省委成立后,推行"左"倾冒险主义的政策,做出错误的肃反决定,逮捕了以刘志丹为首的大批革命同志,枉杀了不少好同志,造成陕甘根据地的严重危机。同日,中国工农红军陕甘支队攻占天险腊子口,击溃国民党新编第十四师鲁大昌部3个团。

9月18日 中国工农红军陕甘支队先头部队到达甘肃省岷县以南的哈达铺。红军各部先后在哈达铺一带休整。9月21日,中共中央进驻哈达铺。

9月20日 中共中央常委在甘肃省岷县以南的哈达铺召开会议,讨论组织工作及地方干部等问题,并决定陕甘支队编制方案,除红一、红三军改为第一、第二纵队外,原中央机关、红军总政治部等机关组成第三纵队,叶剑英任司令员,邓发任政治委员。

9月22日 毛泽东等中央领导同志在哈达铺期间,通过国民党的报纸了解到陕北红军的大致情况。在团以上干部会议上,毛泽东宣布要到陕北去,因为那里有刘志丹的红军。他还宣布红一、红三军改编为陕甘支队，下辖3个纵队。第一纵队林彪为司令员，聂荣臻为政委；第二纵队彭雪枫为司令员，李富春为政委；第三纵队叶剑英为司令员，邓发为政委。

9月26日　中国工农红军陕甘支队自陇南武山县之鸳鸯铺出发，急行军通过渭水封锁线，占领通渭镇。

9月26日　蒋介石决定设立"西北'剿匪'总司令部"，自任总司令，以张学良为副司令，代行总司令职务，并任命朱绍良为所属之第一路军总司令，于学忠为第二路军总司令，杨虎城为第三路军总司令，马鸿逵为第一边防区司令，马麟为第二边防区司令。尔后，蒋介石又安排晏道刚和曾扩情任"西北'剿匪'总司令部"参谋长和政训处长，以监视张学良。张学良就职后，即率东北军主力及陕、甘、宁、晋、绥等地方军共计10万人，向陕北和陕甘苏区发动第三次"围剿"。

9月27日　中国工农红军陕甘支队占领通渭县榜罗镇。同日，中共中央政治局在榜罗镇召开会议。会议讨论了形势与任务，根据进一步了解到的陕北苏区和陕甘红军的情况，改变了俄界会议关于红军经过陕北到靠近苏联边界创造根据地的计划，而决定"在陕北保卫与扩大苏区"，"以陕北苏区来领导全国革命"，正式决定以陕北作为领导中国革命的大本营。

9月30日　红二、红六军团于29日致电周恩来，寻找中央军委，当日与红四方面军沟通电讯联络。此后，张国焘即以红军总司令部名义，与红二、红六军团联络。

9月底　陕甘边和陕北苏区加紧"肃反",逮捕刘志丹等一大批创造红军和苏区的干部,造成陕北与苏区的严重危机。

10月5日　张国焘在卓木碉(今马尔康县境)召开高级干部会议,宣布另立"中共中央",自命为"主席",并组成"中央政府""中央军委""团中央"等,并以所谓"中共中央政治局"的名义通过《决议》,宣布毛泽东、周恩来、洛甫、博古应撤销工作,开除中央委员及党籍,并下令通缉叶剑英和杨尚昆。朱德、刘伯承在会上同张国焘的分裂行为进行了坚决的斗争。

10月19日　中共中央率领中国工农红军陕甘支队到达陕北保安县吴起镇。至此,红一方面军胜利地完成了历时1年,纵横11个省,行程二万五千里的长征。中共中央政治局在吴起镇举行会议,再次讨论政治局在榜罗镇提出的把全国革命大本营放在陕北的问题,正式做出保卫与扩大陕北根据地(包括陕甘边根据地)和在这个根据地领导全国革命斗争的决定。

10月20日　张国焘以"军委主席"名义发布《天芦名雅邛大战役计划》,提出:"以主力乘胜向天、芦、名出动,彻底消灭杨、刘,并迎击主要的敌人刘湘、邓锡侯部,取得天全、芦山、名山、雅州、邛州、大邑广大的根据地为目的。对康定、荥经、灌县方向,采取佯攻姿势,配合主力行动。"

10月24日　红四方面军翻越夹金山,向宝兴、天全、芦山发起攻击。

10月29日　中国工农红军陕甘支队经保安进至甘泉以西地区,与红十五军团会师。

11月1日　红四方面军攻占宝兴。10日,攻占天全,包围芦山。12日,芦山守敌弃城逃跑,红军占领芦山县城。12日,张国焘致电红一、红三军团和中央军委领导人,夸大南下所取得的战术上的胜利,说"这一胜利打开了川西门户,奠定了川康苏区胜利的基础","是进攻路线的胜利"。

　　11月2日　中共中央率领中国工农红军陕甘支队到达陕甘边苏维埃政府所在地——甘泉县下寺湾,与红十五军团胜利会师。中共中央到达下寺湾后,立即制止了中共陕甘晋省委领导的错误的"肃反"运动,指定王首道、贾拓夫、刘向三组成工作团,前往瓦窑堡释放被拘捕的刘志丹等同志。随后,中共西北中央局又指定组成在博古指导下的审查错误"肃反"的五人"党务委员会",其成员有董必武、王首道、张云逸、李维汉、郭洪涛,调查处理"肃反"扩大化问题。

　　11月3日　中共中央决定成立西北革命军事委员会和西北革命军事委员会后方办事处,任命毛泽东、彭德怀、周恩来、王稼祥、聂洪钧、林彪、徐海东、程子华、郭洪涛为西北革命军事委员会委员,毛泽东为主席,周恩来、彭德怀为副主席;同时决定恢复中国工农红军第一方面军番号,任命彭德怀为司令员,毛泽东为政治委员。原红一、红三军团合编为第一军团,任命林彪为军团长,聂荣臻为政治委员,叶剑英为参谋长,王稼祥为政治部主任。第十五军团编入红一方面军序列,任命徐海东为军团长,程子华为政治委员,周士第为参谋长,郭述申为政治部主任。11月8日,西北革命军事委员会发布第二号命令:任命周恩来为西北革命军事委员会后方办事处主任,聂洪钧为副主任。

11月12日　国民党第五次全国代表大会开幕。19日,蒋介石作"对外关系"的讲演,声称外交方针为"对本国求自存,对国际求共存","和平未到完全绝望时期,决不放弃和平;牺牲未到最后关头,亦不轻言牺牲"。

　　11月13日　中共中央发布《为日本帝国主义并吞华北及蒋介石出卖中国宣言》。宣言指出:"中国现在是处在亡国灭种的危急关头,抗日反蒋是全国民众救国图存的唯一出路。"宣言说,中央红军主力经过二万五千余里的长征,跨过了11个省的中国领土,以一年多艰苦奋斗不屈不挠的精神,最后胜利地到达了中国的西北地区,同陕甘红军会合,巩固和扩大了陕甘苏区,在中国西北部创造了中国新的苏维埃革命根据地与领导中心。宣言号召全中国人民"动员起来,武装起来,组织起来,拥护与参与中国共产党所领导的抗日反蒋的斗争!""一切抗日反蒋的中国人民与武装队伍,不论他们的党派、信仰、性别、职业、年龄有如何的不同,都应该联合起来,为打倒日本帝国主义与蒋介石国民党而血战!"

　　同日　中共西北中央局作出《关于开展抗日反蒋运动工作的决定》。指出:"各级党部必须立即开展反日、反蒋的民族武装自卫运动",具体工作为扩大与巩固陕甘苏区,猛烈壮大主力红军,瓦解与争取东北军。

　　11月中旬　中共驻共产国际代表团成员张浩(林育英)从莫斯科来到瓦窑堡,带来共产国际第七次代表大会关于建立反法西斯统一战线的精神、"八一宣言"、同共产国际联系的密码。

　　11月19日　张国焘企图与刘湘主力在邛州、大邑一带决战,令红四方面军向名山、邛崃推进。16日,红军攻占名山东北要镇百丈关。19日,刘湘以十几个旅在飞机和大炮的掩护下,由北、东、南三面向红军百丈关阵地猛烈反攻。红军与敌反复苦战七昼夜,被迫撤出百丈关一带阵地,转移到九顶山至莲花山一线防守。是役,既是张国焘率军南下从进攻作战转入防御作战的转折点,也是他南下方针失败的开始。

11月19日 红二、红六军团主力1.7万余人离开湘鄂川黔苏区开始长征。傍晚,自桑植县的刘家坪和轿子垭地区出发。11月20日,红六军团在大庸和溪口间的澧水北岸张家湾附近突破敌人的防御,渡过澧水。接着急行军150里,于11月21日晚奔袭沅江渡口洞庭溪,歼敌1个营,渡过了沅江。红二军团也于11月22日袭占大宴溪,突破了敌人的沅江封锁线。随后,红军分两路向湘中广大地区展开。

11月20日至24日 红一方面军发动直罗镇战役。国民党"西北剿总"以5个师的兵力,向陕甘根据地发动进攻,企图首先构成沿葫芦河的东西封锁线,并打通洛川、鄜县(今富县)与延安之间的联系,构成沿洛水的南北封锁线;尔后采取南进北堵,逐渐向北压缩的方针,围歼红一方面军于洛河以西、葫芦河以北地区。11月20日,国民党"围剿"陕甘根据地的西路军先头部队东北军第一〇九师,被红军诱至直罗镇,当夜将其包围。11月21日拂晓,红军主力向被围的国民党东北军第一〇九师发起进攻,战至下午2时,歼其大部。随后,以少数兵力继续围歼残敌,主力转为打援。11月23日,红军主力又在张家湾地区歼灭援敌东北军第一〇六师1个团。11月24日,直罗镇残敌也在突围中被红军全歼。至此,直罗镇战役胜利结束,歼敌1个师又1个团,共8300余人,其中俘敌5300余人,缴枪3000余支。这次战役,粉碎了敌人对陕甘革命根据地的第三次"围剿",为中共中央把全国革命的大本营放在西北,举行了一个奠基礼。

11月21日　中共中央做出《关于发展陕甘游击战争的决定》,指出:"游击战争不但是为着配合红军主力作战,而且它本身带有创造、巩固与扩大苏区的任务","党在领导群众斗争中,应该使斗争转变到游击战争的阶段"。党要加强对游击战争的领导,"在游击队的扩大与巩固的过程中,应该使游击队转变为正规的红军,创造新的红军部队"。

11月26日　中共西北中央局做出《审查肃反工作的决定》,指出:"个别领导同志认为右派在边区南区和红二十六军中,有很大的基础,夸大反革命的力量,在反革命面前表示恐慌,因此在肃反斗争中犯了小资产阶级的'极左主义'和'疯狂病'的严重错误。"月底,中央组织部召开会议,王首道代表五人"党务委员会"宣布:刘志丹等同志是无罪的。至此,中共中央到陕北后,正确地处理了陕北地区党内的"肃反"扩大化问题,从而挽救了陕北的苏区和红军。

11月27日　红四方面军于11月25日克荥经,进逼汉源。27日,蒋介石令第二路军薛岳所部经洪雅取捷径向荥经、汉源一带"兜剿",堵截红军南下。12月初,蒋介石为防止红四方面军南渡大渡河,回攻滇、黔,与红二、红六军团会合,电令薛岳所部速取捷径,先行攻取荥经。12月15日,薛岳所部第九十师攻占荥经县城,红军撤出荥经、汉源地区,向天全方向撤退。

11月28日　中华苏维埃共和国中央政府和中国工农红军革命军事委员会发表《抗日救国宣言》,指出:"不论任何政治派别、任何武装队伍、任何社会团体、任何个人类别,只要他们愿意抗日反蒋,我们不但愿意同他们订立抗日反蒋协定,而且愿意更进一步同他们组织抗日联军和国防政府。"并提出抗日联军和国防政府的十大纲领。

11月30日 红一方面军召开营以上干部大会。毛泽东作《直罗镇战役同目前的形势与任务》的报告。报告分析了直罗镇战役胜利的原因,阐述了战役胜利的重大意义,提出了今后的任务。

12月5日 张国焘以"党团中央"名义致电毛泽东、彭德怀等,宣称:"(甲)此间已用党中央、少共中央、中央政府、中革军委、总司令部等名义对外发表文件,并和你们发生关系。(乙)你们应以党北方局、陕甘政府和北路军,不得再冒用党中央名义。(丙)一、四方面军名义已取消。(丁)你们应将北方局、北路军和政府组织状况报告前来,以便批准。"

12月6日 中共中央政治局在陕西省安定县(今子长县)瓦窑堡召开会议,讨论改变对富农的策略问题,并做出《关于改变对富农策略的决定》,实际上改变了王明"左"倾冒险主义的土地政策,即改变了共产国际加紧反对富农的错误政策,发展了党的六大决议的正确方面。

12月9日 北平学生在中国共产党的领导和推动下,爆发"一二·九"抗日救亡运动。当日,北平大、中学生数千人为反对华北自治运动,反对日本侵略华北,举行大规模示威游行,高呼"反对华北防共自治运动""打倒日本帝国主义""停止内战,一致抗日"等口号。12月16日,北平学生万余人举行更大规模的"一二·一六"示威游行,抗议冀察政务委员会成立。全国各大城市学生纷纷响应,工人团体通电拥护。"一二·九""一二·一六"运动标志着抗日民族革命新高潮业已到来。

12月17日至25日 中共中央政治局在陕西省安定县瓦窑堡召开会议。参加会议的有毛泽东、张闻天、周恩来、博古、刘少奇、邓发、张浩（林育英）、何克全、李维汉、杨尚昆、郭洪涛等11人。会议主要讨论政治形势和党的策略路线问题及军事问题。23日,会议通过《关于军事战略问题的决议》。决议明确提出,党在目前形势下的战略方针是,必须"把国内战争同民族战争结合起来","准备直接对日作战的力量","猛烈扩大红军"。决议规定,红一方面军的行动部署,应放在"打通抗日路线"和"巩固扩大现有苏区"这两个任务的基础上,并以前者为中心任务。据此,红军行动和苏区发展应以山西和绥远为主要方向。25日,会议通过《关于目前政治形势与党的任务决议》。决议规定党的策略路线是建立最广泛的（不仅是下层的,而且是上层的）民族统一战线,发动、团结与组织全中国全民族一切革命力量去反对当前的主要敌人——日本帝国主义与蒋介石。重申统一战线的最高组织形式是国防政府和抗日联军,批评了党内长期存在着的"左"倾关门主义。同时又指出在新的大革命中,要警惕和反对1927年陈独秀右倾投降主义的复活。《决议》规定将"工农共和国"的称号改为"人民共和国",并改变不适应抗日要求的部分政策,保证了党在新形势下,在极其复杂的斗争中,团结一切可能团结的力量,领导全国人民迎接伟大的抗日战争。

12月27日 毛泽东根据中央政治局瓦窑堡会议的决议,在党的活动分子会议上作了《论反对日本帝国主义的策略》的报告,系统地说明了党的抗日民族统一战线的策略方针,批评了党内存在的"左"倾关门主义错误。报告进一步阐明了红军长征的意义,指出:"长征是历史纪录上的第一次。长征是宣言书,长征是宣传队,长征是播种机。""长征是以我们胜利、敌人失败的结果而告结束。""长征一结束,新局面就开始。"

1936 年

1月16日　中共中央秘书处将12月25日瓦窑堡会议政治决议案内容摘要电告红四方面军和张国焘,并责成其转达红二、红六军团。

1月21日　毛泽东、周恩来、彭德怀接中央联络局局长李克农自洛川来电:与张学良谈话,张表示愿意为成立国防政府奔走,东北军中同情中共抗日主张者不乏其人,对"剿共"态度消极,愿意目前各守原防,恢复经济通商。

1月22日　中共中央政治局做出《关于张国焘同志成立第二"中央"的决定》,指出:"张国焘同志这种成立第二党的倾向,无异于自绝于党,自绝于中国革命。党中央除去电命令张国焘同志立刻取消他的一切'中央',放弃一切反党的倾向外,特决定在党内公布1935年9月12日中央政治局在俄界的决定(中央《关于张国焘同志的错误的决定》)。"

1月24日　张浩(林育英)以共产国际代表身份致电张国焘,指出,"共产国际完全同意中国党中央的政治路线",要求张国焘取消伪"中央",成立中共西南局。

1月25日　红军将领毛泽东、周恩来、彭德怀、叶剑英、聂荣臻、刘志丹等20人联名发出《红军为愿意同东北军联合抗日致东北军全体将士书》，提出："中国苏维埃政府与工农红军愿意与任何抗日的武装队伍联合起来，组织国防政府与抗日联军，去同日本帝国主义作战。我们愿意首先同东北军来共同实现这一主张，为全中国人民抗日的先锋。""关于组织国防政府与抗日联军的具体办法，请互派代表共同协商。"

1月27日　张国焘复电林育英、张闻天，表示"在原则上完全同意"瓦窑堡会议决议，但却提出"党中央此时最好能在白区"，"或出国际代表团暂代中央"，"亦可见处相此间同时改为西北局和西南局"。

2月初　中共中央派遣中共北方联络局负责人王世英随中共党员、国民党陕西省府科长崔孟博由天津到达西安秘密会见第十七路军总指挥兼西安绥靖公署主任杨虎城。杨表示完全接受中共停止内战，一致抗日的主张。双方商定：(1)在共同抗日的原则下，红军与十七路军各守原防，互不侵犯；(2)互派代表，密切联系；(3)第十七路军在适当地点建立交通站，帮助红军运输物资和掩护中共人员的往来；(4)双方同时为抗日进行准备工作，先由对部队进行抗日教育开始。中旬，王偕汪锋前往陕北向中央汇报。

2月11日　红四方面军主力撤离天全、芦山、宝兴地区，向西北转移。2月上旬，国民党中央军薛岳部6个师，配合川军主力，向位于天全、芦山的红四方面军大举进攻，李抱冰部也由康定向丹巴进犯。张国焘不得不承认红军不宜长期停留在川康区域，决定向西康境内转进，夺取道孚、炉霍、甘孜，相机占领康定，争取在这一地区整补待机。

2月17日　红一方面军根据瓦窑堡会议确定的东渡黄河，进入山西作战,尔后相机向北发展的战略计划,经过充分而周密的准备,发起东征战役。东征一为打通抗日路线,准备直接对日作战,推动抗日民族统一战线的建立;二为贯彻"发展中求巩固"的方针,以巩固陕北根据地,扩大抗日红军和抗日游击队。当日,中华苏维埃人民共和国中央政府和中国抗日红军革命军事委员会发布《东征宣言》,组成"中国人民红军抗日先锋军"。由红一军团、红十五军团和红二十八军组成。彭德怀任司令员,毛泽东任政治委员,叶剑英任参谋长,杨尚昆任政治部主任。

2月20日至21日 红一军团和红十五军团从陕北清涧以东的沟口至河口间约五十公里的地段,同时渡过黄河,突破敌军防线。

2月21日 中华苏维埃人民共和国中央政府发出《关于召集全国抗日救国代表大会通电》,要求立即召集全国抗日救国代表大会。

2月25日 中共中央代表李克农由瓦窑堡抵洛川晤见东北军将领王以哲,就红军与东北军第六十七军抗日合作问题达成口头协定。

2月 东北各抗日武装改编为东北抗日联军,周保中任军长。此后,东北抗日联军11个军相继分编为抗日联军第一、第二、第三路军。第一路军总司令兼政治委员为杨靖宇,第二路军总指挥为周保中,第三路军总指挥为李兆麟。东北抗日联军鼎盛时期,部队发展到3万余人。

3月初 红二、红六军团击安顺受阻,遂改向滇东地区行动,开始了历时二十余天,转战千余里的乌蒙山战役。最终突破了敌军包围,于3月28日进占盘县、亦资孔地区,进到南北盘江之间。红二、红六军团领导机关决定在南北盘江和牛栏江以东广大地区开辟游击根据地。

3月3日 张学良由南京飞返西安。翌日,飞洛川与李克农会谈,就联合抗日问题交换意见。张完全同意李克农、王以哲会谈的口头协议,同时对中共"反蒋抗日"的方针提出疑问,表示希望会见毛泽东或周恩来以作进一步会谈。3月5日,红军和东北军六十七军抗日合作口头协定开始实行。

3月4日 毛泽东、张闻天、彭德怀联名致电董健吾,请董转告南京:中共"欢迎南京当局觉悟与明智的表示","愿与南京当局开始具体实际之谈判",并阐明对时局的五项主张:(1)停止一切内战,全国武装不分红白,一致抗日;(2)组织国防政府与抗日联军;(3)容许全国主力红军迅速集中河北,首先抵御日寇迈进;(4)释放政治犯,容许人民政治自由;(5)内政与经济上实行初步必要的改革。

3月6日 蒋介石为阻止中国人民红军抗日先锋军东进抗日,援助山西军阀阎锡山,决定派"中央军"入晋"协剿"。

3月10日 毛泽东和彭德怀发布《中国人民红军抗日先锋军布告》称:"本军所到之处,保护爱国运动,保护革命人民,保护工农利益,保护知识分子,保护工商业。本军主张停止一切内战,红军、白军联合起来,一致对日。"

3月中旬至下旬 红四方面军撤离天(全)芦(山)宝(兴)地区后,前卫红二十军于3月1日攻占道孚,15日占炉霍,继占甘孜。红四军一部南下占领瞻化（今新龙）。时至3月下旬，红四方面军各部先后到达道孚、炉霍、甘孜地区。至此，红四方面军减员一半，由南下时8万多人减至4万多人。

3月中旬　周恩来、博古等到孝义县（今孝义市）大麦郊地区，与洛甫、毛泽东、彭德怀等会合。中共中央领导人分别听取王世英和张子华的汇报。王世英汇报了北方局党组织的情况；周小舟、吕振羽到南京同曾养甫接触的情况；北方局做十七路军工作情况及2月份同杨虎城达成的四项协定。张子华汇报了同曾养甫接触的经过和上海地下党的情况。此间，刘长胜带回了共产国际第七次代表大会的文件。

3月15日　张国焘在道孚召开团以上干部会议，作所谓《关于苏维埃运动发展前途》的报告，继续坚持错误路线，攻击中共中央北上抗日的正确方针，压制党内民主，以维护其错误。

3月20日　红二、红六军团总指挥部收到红军总部朱德和张国焘关于要红二、红六军团北渡金沙江，同位于甘孜地区的红四方面军会师的命令。红二、红六军团离开盘县地区，分两路向滇中疾进。4月初进入滇境。

3月29日　毛泽东、彭德怀、周恩来署名发表《中国人民抗日红军西北军事委员会为一致抗日告全国民众书》，重申：停止一切内战，不分红军、白军，联合抗日；召开全国抗日救国代表会，组织国防政府、抗日联军；要求全国红军首先集中河北，阻止日军前进。

4月1日　张国焘在道孚召开机关活动分子会议，作所谓《中国苏维埃运动发展的前途和我们当前任务》的报告，继续吹嘘南下的"胜利和意义"，攻击中共中央北上抗日"是'左'倾空谈掩盖下的退却路线"，并打击、恐吓拥护中央路线的干部。

4月初　刘志丹率领红二十八军由神府的张家川东渡黄河，与红十五军团在临县白文镇会师。

4月9日　受中共中央的委托和张学良的邀请，周恩来偕同李克农，到延安与张学良举行秘密会谈，会商抗日救国大计。周恩来与张学良具体分析了"逼蒋抗日"的可能性，讨论了红军与东北军互不侵犯、互相帮助、互派代表以及帮助东北军进行抗日教育等具体协定。

4月9日　红二军团在六里地区进行阻击战，予尾追之敌滇军孙渡纵队的两个旅以沉重打击，迫使滇军不敢紧追。

4月14日　红二十八军在东征抗日时，遭到国民党军阻击，军长刘志丹在山西中阳县三交镇战斗中牺牲。中共中央和西北中央局决定将刘志丹的故乡陕西保安县易名为志丹县，以示纪念。

4月25日至27日　红二、红六军团从石鼓、巨甸两处渡过金沙江。红军渡江后，沿玉龙山脉西麓金沙江东岸北进，4月30日越过雪山到达云南中甸。

5月2日　红军利用暗夜，分批经清水关、铁罗关西渡黄河，5月5日全部渡完，进至延长、延川、永坪地区休整。红一方面军东征，历时 75 天，共消灭敌人约 7 个团，俘敌 4000 余人，缴获各种枪 4000 余支、炮 20 余门，红军扩充新兵约 8000 人，筹款 30 余万元，并迫使"进剿"陕北的晋绥军撤回山西，使陕北苏区得以恢复和发展。同时，在山西 20 多个县开展群众开作，宣传中共的抗日主张，推动了抗日民族统一战线的抗日救亡运动的发展。

5 月 18 日　西北革命军事委员会下达西征命令，决定以红一方面军一部由周恩来指挥，钳制山西和陕西渭北地区之敌；以主力组成西方野战军，向陕甘宁三省边界的广大地区进攻。西北野战军由红一军团、红十五军团、第八十一师以及红二十八军组成。彭德怀任司令员兼政治委员。

5 月 19 日　中共中央常委会议决定：在西征中，要采取更灵活的政策，以争取回族群众、蒙古族群众，其基本原则是实行民族自治，并决定在少数民族中不打土豪。

5 月 21 日　张国焘印发以伪中央政治局名义作出的所谓《关于中国苏维埃运动发展前途和目前紧急任务决议大纲》，被迫承认"主力红军如果比较长久停留在现在的川康区域内是不利的"，一方面"不能适应目前全国抗日反蒋的局势；另一方面粮食的缺乏，使我们在现有地区少数民族工作中增加困难"。提出所谓"夺取西北地区，创立西北广大地区的抗日根据地"的方针。

6 月 1 日　中华苏维埃人民共和国中央政府主席毛泽东、中国人民抗日红军革命军事委员会主席朱德发表《中华苏维埃人民共和国中央政府、中国人民抗日红军革命军事委员会布告》，向全国人民，全国各党派、团体、军队提出20项主张：停止内战，一致抗日；全国各党各派各团体创立抗日人民联合战线；召开全国抗日救国代表大会，成立国防政府和抗日联军；释放一切政治犯，保障抗日的言论、出版、集会、结社自由；推翻汉奸卖国贼的统治；保护爱国运动等。

6月3日　红六军团先头部队第十六师与红四方面军之第三十二军在甲洼寺会师。6日，红六军团全部到达理化县城。20日，红二军团到达白玉县城。22日，红六军团到达甘孜附近蒲玉隆，与红四方面军总指挥部会合。30日，红六军团移驻干海子；红二军团到达绒坝岔，与红四方面军之第三十军会师。

6月6日　张国焘被迫取消第二"中央"。红二、红六军团同红四方面军会师后，朱德、任弼时、刘伯承、贺龙、关向应同张国焘分裂党、反对党中央的错误进行了斗争。

6月10日　张国焘电告中共中央领导人，准备6月底北上。

6月12日　中共中央召开政治局会议，讨论"两广事变"。会议决定中共的策略：(1)支持两广提出的北上抗日，反对蒋介石派兵南下；(2)用召开救国会议来反对国民党的五届二中全会；(3)号召全国人民抗日，实现西北大联合。

6月20日　中共中央发出《致国民党二中全会书》，再次向国民党正式提议:"立即停止你们与我们之间互相残杀的内战及一切仇杀的行为,并立即联合起来,为挽救中国民族的灭亡进行神圣的抗日民族革命战争,保卫中国,驱逐华北、内蒙古的日兵并收复东北失地。"并郑重宣布:"只要你们立即停止进攻红军和苏区,立即动员全国对日抗战,并实现民主自由与制裁汉奸,我们和红军不独不妨害你们抗日,而且用一切力量援助你们,并愿和你们密切合作。"通电支持西南的抗日行动,愿意与西南诸领袖合作,呼吁南京政府将军队开进华北、内蒙古对日作战。

6月25日　中央军委致电朱德、张国焘,询问:"何日发始北上?经何路?何日可达何处?敌情如何?我陕甘应如何策应?"并电告两广事变爆发,时局发展,指出"如能迅出甘南,对时局助益非浅"。又告以"西方野战军连战皆捷","开辟了九个苏维埃县"。

6月底　中共中央由瓦窑堡移驻保安。中共中央迁保安后,与共产国际恢复电台联络。

7月1日　红二、红六军团领导人贺龙、任弼时、关向应到甘孜,会见朱德、张国焘等。

7月2日　红二、红六军团齐集甘孜,同红四方面军主力胜利会师。

7月5日　中央革命军事委员会发布命令:红二军团、红六军团、红三十二军组成红二方面军。贺龙为总指挥兼红二军团军团长,任弼时为总政委兼红二军团政委,萧克为副总指挥,关向应为副总政委,陈伯钧为红六军团军团长，王震为红六军团政委。

7月2日至8月上旬　红二、红四方面军开始北上。红四方面军组成左、中、右三个纵队，分别从甘孜、炉霍、绥靖出发。左纵队经西青寺、阿坝，中纵队经查理寺、毛儿盖，右纵队经卓克基、马塘，向包座、班佑前进。红二方面军组成两个梯队，在红四方面军左纵队之后跟进。红二、红四方面军指战员通过茫茫数百里草地，于8月上旬胜利到达班佑、包座地区。

7月22日　中共中央和中央军委电告红二、红四方面军"我们正动员全部红军并苏区人民粉碎敌之进攻，迎接你们北上"，并指示红二、红四方面军"以迅出甘南为有利。待你们进至甘南适当地点，即令一方面军与你们配合南北夹击，消灭何柱国、毛炳文等部，取得三方面军的完全会合，开展西北伟大的局面"。

7月22日至26日　红二方面军各部先后到达阿坝。

7月27日　中共中央批准由红二、红四方面军领导人组成中共中央西北局，由张国焘任书记，任弼时任副书记，朱德为委员，统一指挥红二、红四方面军的北上行动。

7月28日　中央军委再次电询红二、红四方面军的行动情况，并告知"西北统一战线有了进步。三个方面军会合之后，即能引起西北局面大变化"。

8月1日至3日　红四方面军各部通过草地,于8月初先后到达班佑、包座地区。

8月5日　中共西北局在救济寺召开会议,根据甘南敌情和中共中央关于迅出甘南、抢占腊子口、攻占岷县的指示,拟定了《岷(州)、洮(州)、西固战役计划》,决定由红二、红四方面军共同组织此次战役,将红四方面军编成第一、第二纵队,红二方面军为第三纵队,计划"以迅雷手段在敌人主力尚未集中洮、岷之前,在运动中大量地各个消灭敌人,先机取得洮、岷、西固地区","此次战役以形成创造西北抗日根据地为目的"。计划规定,第一、第二纵队由包座地区出发向甘南迅速推进,第三纵队随后跟进,有策应第一、第二纵队之任务。

8月5日至9月7日　红四方面军发动岷洮西战役。8月5日至8月12日,各纵队先后由包座地区向甘南前进。第一纵队于8月9日抢占天险腊子口,继占大草滩、哈达铺,歼敌1000余人,并于8月26日攻占渭源。第二纵队于8月20日攻占洮州旧城,歼敌1个营,接着击退敌人马步芳部1个旅的进攻,攻占通渭。第三纵队经救济寺、腊子口,于9月初进至哈达铺地区。

8月7日　红二方面军通过草地,到达包座地区。

8月25日　中共中央发出《中国共产党致中国国民党书》,呼吁"立即停止内战,组织全国的抗日统一战线,发动神圣的民族自卫战争,抵抗日本帝国主义的进攻"。建议国共派出全权代表谈判,以实现两党的抗日合作。

9月1日　中共中央书记处发出《关于逼蒋抗日的指示》，明确指出："我们的总方针是逼蒋抗日。一方面继续揭破他们的每一退让、妥协，丧权辱国的言论与行动；另一方面要向他们提议与要求建立抗日的统一战线。"

9月8日　中共中央电示红二、红四方面军，指出"中国最大的敌人是日本帝国主义，抗日反蒋并提是错误的"，"你们不要提出'打倒中央军'及任何中国军队的口号，相反的要提出'联合抗日'的口号。向毛（炳文）、王（均）等部派出人员进行接洽"，仅必要时才与之作战，"但同时进行宣传与接洽"。又指示："对张学良任何部分都不要取真正攻击态度，应向他们的师、团、营长写信，向士兵作普遍宣传。"

9月上旬　中央军委拟定了一个战略计划：红一方面军西出并南下，占领西（安）兰（州）大道以北海原、固原地区，策应红二、红四方面军作战；红二、红四方面军兵分两路，以红四方面军为左路，占领岷州、武山、通渭等地区，继续向东向北，会同红一方面军占领岷州、陇西及西兰大道，进攻、吸引并消灭毛炳文部；以红二方面军为右路，向陕甘边发展，占领成县、徽县、两当、康县、凤县和宝鸡地区，配合红一、红四方面军消灭毛炳文部，并牵制胡宗南部对西北的进攻，隔断胡宗南和张学良的联系。从而实现两个方面军的会师，控制西兰大道，造成打击与歼灭胡宗南部的有利态势，进而逼蒋妥协，促成全国抗日战争的实现。但张国焘在岷洮西战役结束后，继续反对北上，按兵不动，提出建立甘南根据地的主张，致使毛炳文部未被歼灭。

9月上旬 蒋介石震惊于红军即将大会合的形势,最后解决了"两广事变"。之后,蒋介石急调第一军胡宗南部由湖南兼程北进,西进陕甘,命令位于定西、陇西和武山地区的第三十七军毛炳文部,位于天水、秦安、武都地区的第三军王均部,阻止红二、红四方面军北进,命令宁夏的马鸿逵部和固原及其以北的何柱国、马鸿宾部南北推进,夹击红一方面军主力。

9月13日 鉴于胡宗南部西调,中央军委为掌握先机,争取主动,提出《静(宁)会(宁)战役计划》,计划要点:红一方面军以一部分兵力向西兰大道静会段挺进;红四方面军迅速北进,先敌占领静宁、会宁、隆德、定西等地,控制西兰大道,同南下的红一方面军夹击向甘肃前进的胡宗南部;红二方面军在甘南和陕西西南部活动,以一部兵力直出宝鸡以东地区,牵制与侧击胡宗南部,进而完成三个方面军提前会师的任务。

9月16日至18日 中共中央西北局在岷州三十里铺召开会议(即岷州会议)。参加会议的有朱德、任弼时、张国焘、陈昌浩、董振堂、罗炳辉等。会议讨论了目前的政治形势及党的策略和战略方针。张国焘主张红四方面军渡黄河去甘肃西北部。朱德以及陈昌浩等红四方面军部分领导同志力主北上同中央会合。最后,北上方针得到肯定。会议制定了《通(渭)、庄(浪)、静(宁)、会(宁)战役计划》,决定红四方面军迅速进至通渭、庄浪、会宁、静宁、界石铺地区,争取迅速与红一方面军会合,相机消灭胡宗南西进先头部队。

9月21日　张国焘从岷县抵红四方面军前敌指挥部所在地漳县,反对岷州会议所做出的《通、庄、静、会战役计划》,主张西进,要求速开中共中央西北局会议讨论。

9月22日　张国焘致电中革军委和红二方面军,说"目前与胡宗南之一路军在静、会这一四面受敌之地区决战是不利的"。提出红四方面军以基干两个军,迅速由兰州以西之永靖、循化渡过黄河,翻越相连山,进入甘肃西北部的主张。并向所有北上部队发出电令,停止北进,改向西行。为了封锁中央,防止其他领导人反映真实情况,张国焘命令机要部门,凡未经他签署的电报,一律不准拍发。

9月22日　朱德总司令克服张国焘的阻挠,仍向中共中央和红二方面军拍发了反映张国焘破坏岷州会议决定的电报。电称"西北局决议通过之静、会战役计划,正在执行,现又发生少数同志不同意见,拟根本推翻这一原案",并庄严声明"我是坚决遵守这一原案,如将此原案推翻,我不能负此责任"。与此同时,朱德通知西北局委员兼程赶到漳县,续行讨论行动计划。

9月23日　中共中央西北局在漳县盐井镇召开紧急(扩大)会议(即漳县会议)。会上,朱德与张国焘展开争论。朱德坚持红四方面军北进和红一方面军会合,反对西进。会议最后否决北上的意见,决定红四方面军西进。

9月24日　红四方面军撤出通渭,开始执行西进计划。

9月24日　洛甫、周恩来、博古、王稼祥、毛泽东电告朱德、张国焘、任弼时等：胡宗南部进入西北，我们应集中三个方面军于静宁、会宁及其南北，给胡宗南以相当打击，再以两个方面军占领宁夏，以一个方面军控制胡敌。现红一方面军一师已占领界石铺，红四方面军宜以先头师迅速进入界石铺，余部则陆续北上。

9月26日　朱德和张国焘等致电张浩（林育英）、洛甫、毛泽东、周恩来、博古、王稼祥并告贺龙、任弼时、关向应、刘伯承："红四方面军已决定西渡黄河，并已按西渡计划行动。如兄等仍以北进万分必要，西渡计划万分不妥时，则请中央明令停止西渡，并告今后行动方针，弟等当即服从。"

9月27日　中革军委为坚持北进，致电朱德和红二、红四方面军领导人，明令停止西进。电称"中央书记处及政治局详细慎重地讨论了这个行动问题"，"中央认为：我一、四方面军合则力厚，分则力薄"，"敌凭黄河封锁，将来发展困难"，如红四方面军西渡，"尔后敌处中心，我处偏地，会合将不可能，有一着不慎，全局皆非之虞"。因此，中央认为红四方面军仍宜依照9月18日之部署，"迅从通渭、陇西线北上"。中央军委接着又电示："中央明令已下，请电令通渭部队仍回占通渭，其余跟即北上"，"俟得复电，我二师即出庄浪，一师出瓦、隆、静、界线策应"。

9月28日　由于中央明令停止西进；同时，红四方面军广大指战员对西进命令也表示了极大的愤怒和抵制。因此张国焘不得不放弃西进计划，于当日发布《通庄静会战役计划》，提出红四方面军迅速进出于通渭、庄浪、静宁、会宁、界石铺地区,争取与红一方面军会合,消灭胡宗南西进部队。

9月29日　红四方面军总部重新下达北进命令。随后,红四方面军主力相继由岷县、漳县等地出发,向通渭、庄浪、会宁、静宁前进。

同日　中革军委得悉红四方面军回师北上的消息后,立即致电朱德和红二、红四方面军领导人:"回师北上之电敬悉,各同志十分佩服与欢慰。"并电示红一、红二师策应红二、红四方面军行动。

9月30日　红一方面军为接应红四方面军北进,以红一军团一部为左纵队,经硝河城南进,同先期占领界石铺等地的红一军团特别支队靠拢;以红十五军团一部为右纵队,主力出郭城驿。

10月2日　红一方面军部队攻占会宁城,控制西兰大道一段,为大会师创造了条件。

10月4日　红二方面军经请示中共中央和中革军委同意,放弃成县、徽县、两当、康县地区,从天水以西向北转移,向西兰大道以北前进。

10月5日　毛泽东、周恩来致书张学良,再次申明中国共产党"停止内战,一致抗日"的主张,提出只要国民党军队不进攻红军,红军首先停止向国民党军队的攻击,并请张学良将我党意见转达蒋介石,望其迅速决策,"互派正式代表,谈判停战抗日的具体条件"。

10月7日至8日　红四方面军先头部队第十师,在会宁、青江驿、界石铺等地,分别同红一方面军第七十三师和第一师会师。10月9日,红军总部及红四方面军总指挥部到达会宁城。红四方面军胜利完成长征。

10月10日　为红一、红四方面军胜利会合,徐向前、陈昌浩、李卓然致电毛泽东:"一、二、四三个方面军的大会合已胜利实现了",它"将使日本帝国主义及其走狗战栗发抖,以至滚向坟墓里去","在会宁我们已经与红一师的战士们携手见面了。他们英勇杀敌的气概、和蔼亲诚的态度使我们景仰钦佩"。同日,朱德、徐向前、陈昌浩等参观红一师部队,并举行联欢大会。

同日　中国共产党中央委员会、中华苏维埃中央政府、中央革命军事委员会致电朱德、张国焘及全军指战员,热烈祝贺红一、红二、红四方面军在甘肃境内会合。贺电指出:"全国主力红军的会合与进入抗日前线阵地,在中国与日本抗争的国际火线上,在全国国内政治关系上,将要起一个决定的作用。"并号召全军在即将到来的抗日民族革命战争的新阶段中,为开辟、扩大和巩固抗日根据地,联合工农商学兵,联合各党派各军,驱逐日本帝国主义而战斗。

10月11日　中共中央书记处致电朱德、张国焘,并告彭德怀、贺龙、任弼时、徐向前、陈昌浩:三个方面军会合后,为统一作战指挥起见,请朱德、张国焘以总司令、总政治委员名义,依照中央和中革军委的决定,指挥三个方面军的前线作战事宜。三个方面军对朱、张两总的报告,朱、张两总对三个方面军的电令,均望同时发给中革军委一份,以便密切前后方的联系。

10月13日 红四方面军主力到达会宁。翌日夜,红一、红四方面军召开万人联欢大会。

10月16日 朱德、张国焘联名致电中共中央和中革军委,报告红四方面军干部配备情况。除总指挥徐向前、政治委员陈昌浩外,军以上干部是:(1)红四方面军参谋长李特、政治部主任李卓然;(2)四军军长陈再道、政治委员王宏坤、参谋长张才干、政治部主任刘志坚,下辖第十、第十一、第十二师;(3)五军军长董振堂、政治委员黄超、副军长罗南辉、参谋长李屏仁、政治部主任杨克明,下辖第十三、第十四、第十五师;(4)九军军长孙玉清、政治委员陈海松、参谋长陈伯钧、政治部主任曾日三,下辖第二十五、第二十六、第二十七师;(5)三十军军长程世才、政治委员李先念、参谋长黄鹄显、政治部主任李天焕,下辖第八十八、第八十九、第九十师;(6)三十一军军长萧克、政治委员周纯全、参谋长李聚奎、政治部主任王新亭,下辖第九十一、第九十二、第九十三师;(7)甘肃省抗日救国军总指挥王维舟;(8)红军大学校长刘伯承、政治委员何畏、政治部主任张际春;(9)共产主义学校校长刘希平。

10月21日 红二方面军渡过渭水,越过西兰大道,向会宁前进。当日,红二方面军总指挥贺龙、政治委员任弼时、副政治委员关向应到达老君坡,往平峰镇与红一军团领导人会面。

10月22日　红二方面军总指挥部到达静宁以北的将台堡,同红一方面军之第二师会师。中国工农红军第一、第二、第四方面军的会师在会宁、静宁地区实现。三大红军主力的会师,标志着中国工农红军长征的胜利结束。但国民党军队尚未停止进攻,内战并未结束。

同日　蒋介石亲自赶到西安督战,加紧部署对红军的大规模军事"进剿"。蒋对记者发表谈话,宣称"政府决贯彻戡乱方针"。同时,组成由蒋介石任总司令,张学良任副总司令的"西北剿总",企图乘红军从会宁及其东西地区北移时,歼灭红军于黄河以东的甘肃、宁夏边境地区。